破解自己與他人的行為公式，讓情緒、

陳佑晨 著

心理效能
—— 看見情緒的語言 ——

PSYCHOLOGICAL EFFICIENCY

你以為的「個性缺陷」，其實只是未被理解的心理預設；
停止硬撐與自責，開始用適合自己的方式解鎖行為與情緒！

目錄

第一章　性格的原廠設定：
　　　　你不是怪，只是心理預設值不同 ………… 005

第二章　你怎麼煩，就怎麼卡住：性格與壓力觸發點 … 035

第三章　說話與沉默都藏著心理劇本 ……………… 061

第四章　你的行為不是自由，是認知限制的產物 ……… 087

第五章　情緒是你沒聽懂的內心訊號 ………………113

第六章　你在關係裡的樣子，就是你給人的心理帳單 … 137

第七章　壓力不是壞事，是信號處理出了問題 ……… 163

第八章　成為自己行為的設計師 ………………… 193

第九章　別人怎麼看你，決定你的人際能量走向 …… 225

第十章　內在穩定的人，不需要外在控制 ………… 257

目錄

第一章
性格的原廠設定：
你不是怪，只是心理預設值不同

第一章　性格的原廠設定：你不是怪，只是心理預設值不同

第一節　完美主義者的內耗困境：
　　　　從高標準到行為效率的心理轉化

理想中的自己，總是拖慢了行動中的自己

陳蕙是一家設計顧問公司的資深品牌策略師，她總說自己是「標準控」——不管是簡報排版、會議流程、專案命名，甚至連社群貼文的 Emoji 排列順序都要有邏輯。

從外人眼中看來，這種「龜毛」讓她顯得專業可靠，但在團隊裡，她卻經常讓事情卡關。開會時，她總希望能再多花一點時間調整配色與動線，明明已經可以上線的品牌提案，總是拖到最後一天才交出。「因為還不夠好啊！」她這樣說。

直到某次，她與另一位合作夥伴發生激烈爭執。原因是簡單的網頁內容修改，她花了三天思索文字的敘述方式，最後還是不滿意。對方冷冷回她一句：「不是每件事都需要妳 100 分，客戶只要現在能看懂就好。」

那句話像一巴掌，打在她的自尊與信念上。她沒回嘴，只是在下班後的捷運車廂裡，盯著手機裡那份提案，陷入一種「我是不是太難搞了？」的自我懷疑。

她從沒覺得自己有問題，只是「想把事做到最好」而已。但她也不得不承認，自己常常為了完美而讓自己停滯太久。她不是不想交出去，只是「還沒好到可以交出去」。

第一節　完美主義者的內耗困境：
從高標準到行為效率的心理轉化

這就是典型完美主義者的困境：你不是不努力，而是你把「努力」困在了自我期望的牢籠裡。

完美的背後，其實是一種深層的不安

心理學家唐納德・溫尼考特（Donald Winnicott）曾提出「足夠好的母親」概念，他指出：人並不需要絕對完美的照顧，而是能承受一種「夠好」的穩定性。這個理論不只適用在育兒上，也能應用在自我要求上。

完美主義者的內在運作，是把「自己是否夠好」跟「事情是否完美」綁在一起。換句話說，事情做得好不好，代表我這個人值不值得被喜歡。於是他們不只在乎成果，更在乎成果會不會被否定，進而否定了自己的價值。

這種邏輯就像無限循環：

◆ 我怕失敗→所以我不開始
◆ 我不開始→所以我沒成果
◆ 我沒成果→所以我更怕自己不夠好

表面上是高標準，實際上是恐懼被否定。這種恐懼讓完美主義者把「準備」當成心理庇護所，把「完成」視為暴露風險。他們不是不想行動，而是行動背後藏了太多自我認同的風險。

就像陳蕙說的：「我不是不能交，只是還不能交出『我滿意

的版本』。」她以為自己在對作品負責，其實是對自我價值的焦慮還沒準備好面對他人的眼光。

理性行動，不等於降低標準

後來，在一場跨部門的設計展覽專案中，陳蕙被指派為總召。這次的排程非常緊湊，設計物多、窗口繁雜，讓她一度焦慮到胃痛。但與以往不同，她試著接受自己「做不完所有細節」的現實。她告訴自己：「我能把主要區塊控制好就行，其餘交給團隊信任處理。」

這次她開始採用一種新方法──「心理 MVP」策略。這來自行為經濟學的應用概念：「最簡可行產品」（Minimum Viable Product）。她內化成自己的行動思維：「先完成可接受版本，再逐步優化。」

這是一種微妙的心理轉換：從過去的「要 100 分才交」，轉為「先交 70 分，再安排剩下的時間補強」。她學會放掉「我交出來的東西代表我這個人」的邏輯，而是「交出來的是任務的一部分，不是我全部的定義」。

她在小小的讓步中，逐漸發現：「效率不是對完美的背叛，而是對現實的尊重。」

第一節　完美主義者的內耗困境：
從高標準到行為效率的心理轉化

讓心理重心從「成果」轉向「進度」

完美主義者最常陷入的是「成果導向焦慮」，也就是把注意力全部投注在「最後看起來要像什麼」。但這樣的關注會讓人遺忘進程與節奏感。

心理學研究顯示：專注於過程而非結果，能有效減少拖延與自我否定感。

具體來說，你可以這樣設計自己的行動節奏：

- 將工作拆分為「明確步驟」而非「模糊目標」
- 進度達成以「時間單位」為準，而非「完美程度」
- 預留「修正空間」而非「一次到位」壓力

陳蕙在後期工作中，開始使用「25 分鐘深度工作＋5 分鐘自我檢查」的循環節奏。她發現自己開始能「啟動行動」，而非卡在「起步門檻」。

她不再那麼痛苦地坐在電腦前「準備做事」，而是自然而然地進入「做中優化」的流動狀態。

這種轉變，不是放棄標準，而是把標準「擺在正確的位置」：不是在行動前設下完美，而是在行動中形成品質。

放過自己，也不等於放棄追求

改變並不容易。即使到了現在，陳蕙偶爾還是會在週末夜晚，打開 Figma 看著不完美的排版感到心煩。但她學會了對自己說一句話：「可以不滿意，但不能停止前進。」

完美主義者不需要放棄對品質的堅持，只需要建立一個能與現實對話的心理節奏。

你仍然可以是那個要求高、品味好的人，只是你會更懂得：

- 什麼時候要收手；
- 什麼時候要求援；
- 什麼時候「先交再調整」比「等到剛好」更重要。

陳蕙後來成為公司內部最受歡迎的簡報顧問，她不再用「永遠還可以再好一點」的姿態對自己說話，而是：「我知道還有改進空間，但我也知道，我現在已經交出了可以讓團隊推進的版本。」

那一刻，她不只是完成了一份報告，更打破了一場與自己心理內耗的長期戰爭。

第二節　給予型人格的控制性付出：別把好意變成壓力

表面在付出，內心卻在計分

黃佩珊在公司被稱為「好人代表」。誰加班，她會默默幫訂便當；誰報告沒交齊，她會主動協助補上內容；哪個新人表現不穩定，她會說服主管再給一次機會。她不吝嗇時間，也不怕麻煩，總是一臉溫和地說：「沒關係，我來幫就好。」

這樣的她，在團隊裡備受喜愛，但也開始出現一些微妙的不對勁。她漸漸覺得同事變得理所當然，甚至某次請對方協助回報資料卻被敷衍以對，她當場臉色一變，冷冷地說：「平常誰在幫你們扛，現在叫你做點事你就這樣？」

那個時刻，沉默壓過整間會議室。她語氣裡的不滿、委屈與失望暴露無遺。

這樣的情緒，來自心理學中的「給予型人格」特質。表面上是慷慨無私，內心深處卻藏著一個潛臺詞：「我對你好，是因為我希望你也對我一樣好。」

換句話說：給予者的好意，其實不是免費的，而是心理上有價的。

當回報不成比例，情緒帳單就會浮現。問題不是你付出了什麼，而是你沒說清楚你想收到什麼。

第一章　性格的原廠設定：你不是怪，只是心理預設值不同

好人情節的背後，是對關係掌控的渴望

在心理學家卡倫・荷妮提出的「神經質人格需求」理論中，提到「討好型人格」通常具有一種潛在心理動機：「我必須對他人好，才能確保我不會被拒絕、不被拋棄。」

這類型的人，往往將自己的價值與他人對自己的需求綁定在一起。只要身邊人需要他們，他們就會感到被愛、被需要、被認同。

但這樣的需求其實蘊藏著控制感。你不是真的無條件為他人好，而是渴望對方因此將你納入生命中、給你位置與回饋。

佩珊正是如此。她過去在家庭中是長女，從小就得照顧弟妹，處理父母情緒，習慣了成為別人的支持者。久而久之，她建立起一種內在信念：「我的存在價值，就是能幫助別人解決問題。」

這樣的信念，讓她成為團隊不可或缺的「好人」，但同時也讓她無法容忍「我對你這麼好，你卻不回應我」的落差。

所以當她主動幫助同事卻被忽視時，情緒不是傷心，而是「不被承認的失控」——她感覺自己的價值被否定，心理帳戶赤字太大，情緒就潰堤了。

被壓抑的需求，會以情緒反撲

有一次，佩珊被指派籌辦公司內部的尾牙活動。她擬流程、跑場勘、連禮品都親自採買。活動當天圓滿落幕，但她沒等大家收拾完就獨自離場。

第二節　給予型人格的控制性付出：
別把好意變成壓力

幾天後的早會，主管讚賞她「籌備用心，大家都很開心」，她卻回：「早知道大家只會開心就好，我也不用這麼累。」

這句話讓大家面面相覷。明明是自願、也沒人逼她這樣拚，怎麼反而好像大家虧欠她？

這正是心理學中的「隱性控制性給予」現象。當一個人壓抑自己的需求，把付出當作價值來源，他會在無意識中累積期望，然後在無人「回報」時用情緒釋放壓力。

這種情緒往往以「覺得沒人理解我」、「覺得大家都理所當然」、「覺得付出都白費」的方式出現。但其實，沒有人知道你心裡那本帳本，只看到你口中的「沒關係」。

你對人好不是錯，錯的是你沒說你需要回應；你希望被看見不是自私，困住你的是你以為這樣會被說你「小心眼」。

停止默默給予，練習公開設定心理界線

給予型人格要學習的是如何讓好意被尊重，而不是被耗盡。

佩珊後來在心理諮商中開始嘗試「告知式幫助」。她不是不幫，而是在幫之前說清楚：

- 「我可以幫忙，但我今天只能處理到這裡。」
- 「這件事我先協助一次，下次希望你可以獨立完成。」
- 「我能幫，但這不代表我應該每次都幫。」

第一章　性格的原廠設定：你不是怪，只是心理預設值不同

這些話的效果是什麼？

讓幫助變成一種明確選擇，而不是被迫負責。

她也學會不再第一時間主動跳出，而是等別人開口請求。這個過程讓她更自在，也更清楚哪些人真的珍惜她的幫助、哪些人只是方便取用。

這不是變冷漠，而是讓你的付出更有價值感。真正的成熟，是能同時做到善良與有邊界。

你不需要靠「讓人依賴你」來證明自己值得被愛

給予型人格最深的恐懼，其實是「一旦我不再付出，我就不被需要」。所以他們總是加碼自己的好，期待換來心理安全感。

但關係不該是交易，愛也不是靠累積付出才獲得。

你值得被喜歡，是因為你是你，不是因為你做了多少。

後來佩珊說：「我花了 30 年學會一件事——不再用好人角色來取得別人的喜歡，也不再因為別人沒回報就覺得自己沒價值。」

她還是那個溫暖的人，但她開始懂得：先照顧好自己，才有能力溫柔別人。

從付出中取得滿足，不是錯；但從付出中追求認同，才會讓你越走越空。

你不是提款機，你是人。你有情緒、有需求、有渴望被看見的權利。

而真正尊重你的人，不會只愛你給的好，而是願意理解你的全部。

第三節　成就導向者的效率與失衡：你在追目標，還是在逃空虛？

表現永遠不夠好，進度永遠不夠快

江俊軒是臺北一家新創公司的產品經理，30歲出頭的他，是典型的「高動能工作機器人」。每天早上六點半準時打開筆電查看專案進度，通勤時間用來聽產業Podcast，午餐時間開會、晚上加班到十點是家常便飯。

他最常說的一句話是：「目標還沒達成，怎麼可能放鬆？」

這句話聽起來很正向，彷彿是對自己有要求、對未來有野心的證明。可是，他的助理小穎卻偷偷觀察到，俊軒每天都像被追著跑，眉頭總是緊皺，連簡單的晚餐都吃得像在趕任務。

有次，小穎鼓起勇氣問他：「你這麼拼，是因為喜歡現在做的事嗎？」

俊軒愣了一下，接著苦笑說：「我也不知道欸，可能就是覺得一直要往前跑，不然會輸吧。」

這樣的回答透露了成就導向者的核心心理結構——他們的動力不是熱愛，而是恐懼：怕失敗、怕落後、怕沒有價值感。

表面上的追求效率，底層其實是一種持續逃避焦慮的習慣性行動。他們不是在向夢想靠近，而是從自我懷疑逃跑。

高成就，不等於高自我價值

成就導向者通常擅長在 KPI 和目標中找到安全感。他們會把一切努力與成果連結起來：「我表現得好＝我這個人有價值。」這種邏輯讓他們持續追高績效、拓展專案、接受挑戰。

但問題也出在這裡：一旦成果不如預期，他們就會質疑自己的人格價值。

俊軒曾在一次提案簡報中被客戶當場打槍。他回到辦公室後什麼都不說，默默加班到凌晨三點，寫了三份不同版本的補充簡報。第二天，他請假說要在家休息，實際上卻一整天關在房間裡自我否定。

「如果連這都做不好，我還有什麼資格領這份薪水？」他在日記裡這樣寫。

心理學家亞伯拉罕・馬斯洛（Abraham Maslow）指出：人類在滿足基本生存需求之後，會追求自尊與成就感，但如果這些成就來源都外掛在他人評價上，那這份自尊就不穩定。

第三節　成就導向者的效率與失衡：
　　　　你在追目標，還是在逃空虛？

成就導向者的問題在於，他們的「成就感」來自外部世界，而不是自我內在的滿足。因此，只要一件事沒做好，他們就會懷疑自己整體存在的價值。

你不是在前進，只是在避免被看見停下來

俊軒有一位大學同學 Raymond，個性截然不同，工作節奏慢但穩定，專案成果也不錯。某天他們在聚會上聊到最近的職場壓力，Raymond 淡淡地說：「我現在比較想的是，每週能不能空出兩個晚上給自己，不是學什麼，而是什麼都不學。」

俊軒聽完，第一時間覺得「浪費時間」。但回家路上，他開始思考：自己多久沒做一件「沒有成果目的的事」了？連健身都要記錄數據、連閱讀都在比進度，他是不是太久沒有讓大腦放鬆過？

這就是成就導向人格的一大心理陷阱──他們害怕被人發現自己有空白、有脆弱、有停下來的時刻。

於是他們不斷填滿行程、接案、再進修、做簡報、更新履歷。他們以為這是自律，實際上是一種「被時間追趕型焦慮」，而不是從內而外的穩定節奏。

當生活成了一場馬拉松賽事，他們早就忘了自己原本是為了什麼起跑。

第一章　性格的原廠設定：你不是怪，只是心理預設值不同

從追逐成就到設計成長：換一種前進邏輯

真正的心理調整，不是叫你變懶，而是讓你換一種更健康的驅動方式前進。

俊軒後來被派去參加一場「創新領導力訓練營」，裡面有一個練習是：「請寫下過去一年，你感到最開心的三個時刻，並分析那時你在做什麼。」

他寫下的不是專案達標，也不是得到獎金，而是：

◆ 一次和媽媽共煮一桌菜的晚上
◆ 一次幫同事收尾沒完成的設計稿後被誠懇感謝
◆ 一次週末在咖啡館寫一篇沒人要看的讀書心得

他才驚覺：原來讓自己感到「被實現」的，不是指標，而是有意義的當下。

從那天起，他開始調整工作方式：

◆ 把專案劃分為「價值型目標」與「流程型任務」
◆ 把週計畫從「做完幾件事」變為「哪三件事我做得有意義」
◆ 每月給自己安排一個「無用但喜歡」的練習：如寫小說、拼模型、參加非必要講座

他發現自己一樣在進步，但情緒變穩了，人也更開朗了。他不再只是往前衝，而是知道自己為什麼出發。

不是你太累，而是你從沒給自己留餘地

很多成就型人格的人，一輩子都在「累得很值得」與「值得但很累」之間擺盪。他們不容許自己鬆懈，因為那會讓他們看起來像是放棄。

但他們不知道，最穩定的行動者，其實是知道什麼時候該休息、該轉彎、該放慢，甚至該說「夠了」。

你可以高效，但不要為了證明自己「不是個廢物」而高效；你可以精準，但不需要用過勞換來掌聲。

成就感不等於內在價值，你不是因為有結果才被愛，也不是因為有產出才值得存在。

當你把「效率」從壓力轉化為節奏，把「成果」從焦慮轉化為價值，你會發現：

你不是不值得被肯定，而是你從來沒給過自己肯定的空間。

第四節　情感浪漫者的情緒綁架：
敏感不是錯，但別讓情緒變成武器

總是被忽略的「情緒重量」

林詩涵是補教業的一名資深講師，深受學生喜愛。她的教學風格細膩、充滿情感，每一場課都像演出一場關於學習的舞

臺劇。她說過:「學生不是只來學知識,是來感受我的熱情的。」

但她的情感,除了投入,也有沉重。某天,她在 LINE 群組中傳了一則訊息:「我覺得最近大家對教學的熱情變淡了,也許我只是個不合時宜的過氣老師吧……」末尾附上一個落淚的貼圖。

助教們看了面面相覷,沒人敢直接回話。有的人用鼓勵語貼上「老師妳教得超棒」,有人只回了個愛心。但詩涵卻一整天悶悶不樂,甚至開始懷疑是不是團隊有人在背後說她壞話。

這就是典型的「情感浪漫型人格」的思維模式:高度情緒敏感、強烈自我意識、容易感到被忽視或誤解,並會透過情緒表達來尋求關係中的安全感。

他們不是愛生氣,也不是故意玻璃心,而是心理深處總有一個訊號在問:「你們還在意我嗎?你們感覺得到我的心嗎?」

感受深刻,是禮物也是負擔

情感型人格者最大的特質是「對內在狀態的敏銳捕捉」。他們能感受微小變化、看出細節裡的情緒、從語氣裡判讀心意,甚至能一眼看穿別人表面下的掩飾。

但這份敏銳,也讓他們更容易感受到受傷。

詩涵曾說,她最害怕的不是批評,而是冷漠。一次工作會議中,某位主管對其他講師都給予正面回饋,唯獨略過她的名

第四節　情感浪漫者的情緒綁架：
敏感不是錯，但別讓情緒變成武器

字。她回家後輾轉難眠，一邊想：「是不是我最近不夠努力？」一邊又想：「還是他根本不喜歡我？」

這種情緒的漩渦，不是因為她太脆弱，而是因為她把「被看見」這件事，視為自我存在感的確認方式。

心理學家蘇珊‧佛沃（Susan Forward）在《情緒勒索》一書中提到：敏感型人格很容易在關係中反覆驗證自己是否重要。當外界的反應低於他們的期望，就會觸發「我是不是不被在乎」的情緒劇碼。

情緒不是愛的通行證，也不是道德勒索的武器

問題並不在於詩涵有情緒，而是她用情緒當作關係的測試工具。

當她說出「是不是我不被需要了？」時，其實內心想的是：「你快告訴我不是這樣的，快安慰我，快肯定我。」

這種行為若偶一為之尚可，但若成為慣性，就會讓周遭的人感到窒息與壓力。他人開始小心翼翼，不敢說真話、不敢說「不」，甚至連單純的沉默都會被詮釋為冷漠。

久而久之，詩涵身邊的助教越來越少主動互動，而她則更加確信：「你看吧，我就說他們不喜歡我。」

這就是「情緒勒索」的真義——用自己的感受作為他人行為的道德框架，無形中操控了他人行動的自由空間。

不是所有的脆弱都是操控,但當我們用脆弱來要求他人行動、為我們負責,那就不是純粹的感受,而是有預期的情緒投放。

情緒需要被照顧,但不該變成關係的交易籌碼

後來,詩涵在朋友的建議下開始上心理課程,學習正念練習與情緒區辨。她發現自己有一個深層信念:「我要讓別人知道我有多在意,才會讓他們也更在意我。」

這個信念讓她情緒展現得更加濃烈,也更加疲累。她開始練習在情緒出現時自問三件事:

◆ 我現在的情緒,是事實還是猜測?
◆ 我希望從他人那裡得到的是什麼?
◆ 我有沒有在不自覺地讓對方背負我的感受?

她學著說:「我有點受傷,不是你要負責,而是我想知道我是不是過度詮釋。」

她開始把自己感受主體化,而非丟向別人要求回應。

她的助教後來私下說:「現在跟老師相處更舒服了,不是因為她沒情緒了,而是我們終於可以誠實地對話,而不是一直配合。」

這種轉變,不是壓抑情緒,而是讓情緒成為溝通的起點,而不是道德的封鎖線。

第四節　情感浪漫者的情緒綁架：
敏感不是錯，但別讓情緒變成武器

你有感覺，是因為你豐富；
你有情緒，不代表你有理

情感浪漫型人格的人，永遠不會變得不敏感——那是他們的天賦。但要從困住自己與他人的情緒劇場中走出來，就要學會一件事：

「情緒可以表達，但不能勒索；感受可以真實，但不必換取保證。」

你可以說：「我感到孤單」，但不能說：「你為什麼讓我孤單？」

你可以說：「我在意你怎麼看我」，但不能說：「所以你不能對我失望。」

詩涵後來學會了一種成熟的表達方式：「我有我的感受，但我也願意承擔它。」

這樣的她，依然敏感、依然有情緒，但更有力量，也更自在。

她不再害怕情緒會讓人討厭，而是知道：真正成熟的情感，是帶著責任的誠實，而非拋給他人的考驗。

第五節　分析型人格的內向防禦：
　　　　理性是鎧甲，孤獨卻是底色

不參與，不是冷漠，而是自我保護

張凱文是某科技公司後端系統的資深工程師，個性低調寡言，習慣在各種會議裡沉默不語。無論討論多激烈，他總是一邊聽一邊筆記，很少表態，偶爾被點名發言，他也只簡短回答：「我再評估一下。」

在團隊眼裡，他像個神祕的資料庫 —— 有料，但很少開口。對新進同事來說，他是那種「好像不太合群」的類型，但資深同事都知道，凱文其實非常可靠，只是需要自己的節奏。

某次團隊聚餐，一位新進設計師鼓起勇氣坐到凱文旁邊，想多聊幾句。他問：「凱文你都不覺得這樣不說話，別人會以為你不喜歡大家嗎？」

凱文微微一笑，只回了一句：「其實我只是比較慢熱，我不太知道什麼時候講話比較剛好。」

這句話說得誠懇，也點出了分析型人格的一項心理特質：他們不是不在意人，而是不喜歡被情緒或期待拉著走，他們需要觀察、需要時間、需要心理安全的距離。

第五節　分析型人格的內向防禦：
　　　　理性是鎧甲，孤獨卻是底色

為什麼你總在心裡對話，卻選擇沉默？

　　分析型人格的運作模式非常內向，不是外在行為上的害羞，而是一種深層的心理防禦機制。

　　他們習慣先思考、再評估，最後才決定是否說出來。這種節奏讓他們看起來慢，也讓他們常常被誤會成「冷感」、「孤僻」、「難親近」。

　　但其實他們的內心常常是熱烈的，只是他們習慣把情緒變成文字、邏輯和系統來整理，而非即時釋放。

　　凱文就曾在自己的筆記本裡記下團隊成員的小習慣、風格與需求。他默默地統整每位同事偏好的作業模式與交件節奏，在日後排專案時做出最佳化的分配。

　　他沒說，但他一直在關注。

　　心理學家傑羅姆・凱根（Jerome Kagan）在研究「高反應嬰兒」的實驗中指出：那些對環境刺激反應敏銳卻行為抑制的孩子，長大後往往發展出內向、深層分析、低衝動的特質。他們不缺情感，只是需要先自我過濾後，才願意打開連結。

　　這也說明了凱文這類人：話不多，但感受很深；表現冷靜，實則敏感。

情緒不善表達，不等於情緒不存在

有一次，團隊一位同事突然離職，大家都很震驚，氣氛一度低落。凱文沒說什麼，只是當天下午請假外出。隔天，他買了那位同事最愛的星巴克咖啡豆與手寫卡片，默默放在對方桌上。

他沒送行、沒留言，只留下那張卡片：「謝謝你每次都提醒我下午要記得喝水，祝你未來順利。」

這就是典型分析型人格的情感表達方式 —— 不是熱烈表達，而是安靜卻精準地傳遞。

很多人以為這種人不需要被關心，但事實恰恰相反：他們比誰都渴望被理解，但更怕誤解；比誰都期待被接納，但不想強求。

凱文的沉默，不是因為他沒情緒，而是因為他在確保自己的情緒不會給別人造成壓力。他用理性包裹自己，因為他相信：這樣最不會出錯、最不會麻煩別人。

但問題是 —— 如果一直都不讓人靠近，那些原本可能出現的理解，也永遠不會發生。

內向防禦是盾牌，不該成為圍牆

凱文後來在一次部門領導力培訓中，被教練要求做一件事：「試著在會議中，主動說一句自己的感受，不用多，只要一句。」

第五節　分析型人格的內向防禦：
　　　　理性是鎧甲，孤獨卻是底色

那場會議，他終於第一次說出口：「我其實覺得這次專案討論得比我預期中順利很多。」

短短一句話，全場靜了一秒，接著主管笑了：「凱文願意說這句話，我們就知道這案子真的有在進步了。」

那一刻，他突然明白，開口表達，不一定會讓人誤解，有時反而能打開別人理解的門。

他也開始練習另一個動作：問人一句「你怎麼看？」

不是為了尋求答案，而是讓對話有進一步的空間。

分析型人格要學會的不是改變性格，而是學會在適當時機放下盾牌，讓人知道你不是冰冷，而是細緻。

他們的力量來自清晰與深度，但力量不該用來築牆，而是用來建立橋梁。

你不必變得外向，但你可以變得可靠又可親

凱文後來變成團隊裡最穩定的支撐點。他沒變得多話，也沒變成什麼社交高手，但他學會了：

◈　適時點頭，表示「我有在聽」
◈　偶爾分享自己看待工作的方式
◈　對於別人的善意不再迴避，而是簡短回應

這些看似微小的改變，卻讓他跟團隊的關係有了溫度。他

依然是那個安靜、專注、條理分明的分析者，但他也成為那個「雖然話少，但你知道他真的在乎」的人。

對分析型人格的人來說，最重要的練習不是「表現情緒」，而是「允許被理解」。

你可以慢，但別永遠退；你可以少說，但別不說；你可以保護自己，但別關掉與人連結的可能性。

理性不是錯，它是你的特質；但如果你願意讓理性成為打開關係的工具，而不是隱藏情感的鎧甲，那你會發現：

原來被人理解，不是負擔，而是一種溫柔的自由。

第六節　懷疑型人格的過度預判：信任建立太慢，錯過連結太快

你不是沒安全感，而是過度備戰的心理慣性

李仲祐剛進入一間跨國公司擔任策略分析師不久，在團隊裡一直算是「邊緣角色」。他準時上班、效率高、報告準確，但總給人一種「不太好接近」的距離感。

有一次部門舉辦非正式聚餐，大家在群組裡討論得很熱烈，但他沒有回應。直到最後一刻，他才回：「我可能不太方便參加，改天再約。」

第六節　懷疑型人格的過度預判：
　　　　信任建立太慢，錯過連結太快

　　同事並不意外，因為這不是他第一次這樣。有人說他「冷淡」，有人說他「很有距離感」，甚至有人懷疑他是不是根本不想融入團隊。

　　但只有仲祐知道，自己不是不想參與，而是內心總有一個聲音在提醒他：「不要太快相信任何一種熱情，那可能只是社交的表面。」

　　這樣的他，就是典型的懷疑型人格（又稱忠誠型人格）。他們擁有強烈的警覺性，對風險有超前反應，對關係與團體保持審慎態度，不輕易信任，也不輕易說出內心話。

　　在他們的世界裡，信任不是預設值，而是一場漫長的驗證過程。

警覺過了頭，信任就會變成懷疑的反射動作

　　懷疑型人格其實有很多優點。他們洞察力強，能提前預判問題、善於規劃風險情境，在危機管理與長期決策上，常是團隊不可或缺的角色。

　　但這樣的「風險雷達」若過度啟動，就會讓他們掉入「過度預判」的陷阱：還沒發生的事，就開始緊張；還沒確認的事，就先假設最壞情境。

　　例如，仲祐曾因為主管一週內兩次取消會議，就開始猜測：「是不是他對我表現不滿意？是不是要調職我？」

他花了整個週末查閱自己的報告細節、重新模擬下週簡報，甚至備好兩套可能的人事回應信。

結果週一一早，主管在電梯遇到他時，只說：「上週家裡小孩發燒，才沒能準時回覆你，不好意思啦！」

那一刻，仲祐心中五味雜陳。他知道自己又多想了，但又控制不住這種先假設自己會被否定的預期機制。

心理學家 Aaron T. Beck 與 David A. Clark 指出，懷疑型人格的人有一種潛在的「威脅過濾器」，他們的大腦更容易注意到環境中可能帶來風險的訊號，也更傾向於將模糊情境詮釋為不利自己的狀況。

他們不是故意想太多，而是神經系統早已設定成「要先防守，才不會受傷」。

不信任別人，是因為你還不確定自己夠不夠好

仲祐對人始終保有距離，不是不喜歡人，而是深怕「一旦靠太近，就容易受傷」。這樣的防禦，其實來自於更深層的不安：我值得被信任嗎？我足夠好嗎？

他不是不在乎別人看法，而是太在乎，以至於寧願先讓自己退一步，保持冷靜、不表態、沉默觀察，來保護內在脆弱的那部分。

第六節　懷疑型人格的過度預判：
　　　　信任建立太慢，錯過連結太快

有一次，同部門的夥伴婉君對他說：「其實我們都知道你做得很細很穩，你可以多發表一點意見啦。」

仲祐笑笑，還是沒回應。但那天晚上，他在筆記本裡寫下這段話：

「我好像把信任當作獎賞，只有在對方百分之百沒有瑕疵時我才敢交付，可是世界哪有這種事？」

這是懷疑型人格的另一個盲點──把信任當成有條件的分數，而非關係中的必要基礎。

久而久之，他們與人之間的連結就會變成：「我不是不想靠近你，我只是還沒找到讓我放心的證據。」

但人與人之間的信任，是靠「嘗試建立」來生出，而不是「證明無風險」後才啟動。

你要的不是確認對方沒問題，
而是讓自己安心冒一點風險

懷疑型人格最需要練習的是：「信任不是放棄警覺，而是帶著覺察仍然前行。」

仲祐後來被邀請擔任跨部門專案協作的核心代表，這讓他開始被迫與其他部門做更多互動。起初他非常不習慣，但也開始練習一種新的策略：

第一章　性格的原廠設定：你不是怪，只是心理預設值不同

- ◆ **用具體問題取代猜測**：「這次開會改期，是不是代表專案時程有變？」
- ◆ **允許小幅度的不確定**：「對方這次回應慢，但不代表他不重視」
- ◆ **表達懷疑但不攻擊**：「我對這部分還有些疑慮，能否多補充一下你們的考量？」

這些微調，讓他不再被懷疑驅動行動，而是讓懷疑轉化為「建立清晰感的推進工具」。

更重要的是，他開始在心裡對自己說：「如果有誤會，我可以澄清；如果有人不喜歡我，那也是他的自由。我不用每次都用推理讓自己不被傷害。」

那一刻起，他的信任不是盲目的，而是成熟的。他不再等所有條件都符合，才給出一點相信；他開始嘗試——即使一點點，也讓關係有機會發芽。

信任不是天真，而是勇敢

最後一次部門聚會，仲祐主動坐在大家中間，甚至自願開口分享專案成果。大家笑著說：「這還是我們第一次聽仲祐講這麼多欸！」

他笑得有點不好意思，但也第一次真正地覺得：「原來我也可以被接住。」

第六節　懷疑型人格的過度預判：
　　　　信任建立太慢，錯過連結太快

　　信任不是你對別人放棄防備，而是你給自己一個不再被懷疑主導的空間。

　　你可以慢慢來，你可以有疑慮，但請記得打開一點縫隙，讓人靠近你，不用等所有條件都完美。

　　因為真誠的連結，不需要完美，只需要你給它一次機會。

第一章　性格的原廠設定：你不是怪，只是心理預設值不同

第二章
你怎麼煩，就怎麼卡住：
性格與壓力觸發點

第二章　你怎麼煩，就怎麼卡住：性格與壓力觸發點

第一節　高敏感不是脆弱，
　　　　是過度掃描風險的超能力

不是你太玻璃，是你的雷達開太強

周品如是一名國中導師，也是一位「超高敏感型人格」的典型代表。

她的學生曾這樣形容她：「老師好像什麼都知道，連我們只是互看一眼，她都會說『你們是不是剛剛在講別人？』」

品如的敏感，不只體現在學生互動上，她對同事間的語氣、辦公室裡空氣的變化，甚至主管今天講話比昨天短五秒，都會被她記在心裡。

這種敏銳，讓她在教學與溝通中非常有溫度，學生與家長都說她是「很懂孩子的人」。但這樣的她，也經常陷入極大的情緒疲憊。

某次行政會議結束後，她發現自己的報告部分被主管跳過，其他講師都獲得了口頭鼓勵，唯獨她被略過。她整整一晚睡不著，不停想著：「是不是我哪裡表現不好？是不是有人對我有意見？」

這正是高敏感型人格在面對壓力時的常見現象：他們的感受系統像一臺 24 小時開機的高規格雷達，任何細微的訊號都會被放大處理。

第一節　高敏感不是脆弱，
　　　　　是過度掃描風險的超能力

　　而這份處理，並不是情緒脆弱，而是情緒過度掃描所帶來的能量過載。

敏感的背後，是對風險與關係崩壞的預期焦慮

　　在心理學上，高敏感型人格被定義為神經系統對內外刺激有較低反應閾值的人群。他們會更快察覺他人情緒、環境氣氛變化，也更容易從細節中構建出整體關係的狀態圖像。

　　但這種「資料庫式處理」會有一個副作用：對模糊不確定的事件，會預設最壞解釋。

　　品如其實並不是第一次這樣焦慮，她的慣性反應是 —— 只要沒得到正面確認，就會開始進入預警模式。

　　例如：「他今天沒笑，是不是我上次的發言惹他不高興？」

　　或者：「她沒回訊息，是不是我昨天傳的那句太唐突？」

　　這些預設思維，會導致高敏感型人格在壓力中自行生成風險腳本，強化負面情緒的投射循環。

　　而這些並非沒根據，而是因為過往的某些事件讓他們形成這種自我保護系統。

　　比方說：童年曾因一點失誤被處罰得很重；或是在關係中吃過「沒看清楚訊號」的虧。

　　因此，他們的身體記得了這種「預警式生存模式」，久而久之，這就成了一種慣性：「我必須想在前面，才能免於受傷。」

第二章　你怎麼煩，就怎麼卡住：性格與壓力觸發點

你不是承受不了壓力，而是你太早開始承受了

很多人以為高敏感的人是「太容易受傷」，但事實上他們的困難往往不是「承受」，而是「過早預備承受」。

這種提早啟動的情緒應對系統，會讓他們的能量在事情真正發生前就消耗殆盡。

所以他們往往不是在壓力點上崩潰，而是在壓力還沒真正發生前就已經累了。

品如曾說：「我不是怕面對真正的批評，我是怕等著被批評的那段時間，那種懸著的感覺很可怕。」

這樣的心理狀態，長期下來會造成「慢性高壓感」：表面平靜，內心緊繃；別人還在聊天，你心裡已經模擬了十種情境和對策。

這會讓你在人際互動中感到疲憊，常常無法放鬆，因為你不是在享受對話，而是在掃描「有沒有哪句話會出事？」

情緒減敏練習：讓你收起雷達，不是摧毀它

高敏感不是問題，它是一種潛在優勢。很多心理師、設計師、藝術家、教育者，本身就有高度情緒感知能力，正因為他們能察覺，他們才有深度。

但這份能力需要管理，否則你就會被自己的感知淹沒。

第一節　高敏感不是脆弱，是過度掃描風險的超能力

品如後來開始嘗試「情緒減敏練習」，目的是讓雷達「適度休息」，練習關閉不必要的過度解讀：

- **練習情境抽離**：當情緒升起，先對自己說：「這是我的詮釋，不一定是事實。」
- **設定延遲解讀點**：當你想要立刻解釋對方行為，請自己「隔一晚再做結論」。
- **日記拆解法**：每次情緒爆炸，寫下你「第一個感覺」→「內在解釋」→「行為反應」，看是否哪裡過度詮釋。

這些方法，不是要你「別敏感」，而是讓你意識到你的敏感是「慣性反應」，不是全然現實。

當你能辨識自己正在啟動防衛時，你就開始擁有對情緒的主導權。

不是每個人都帶刺，也不是每句話都有針

品如在做了一段時間的減敏練習後，開始學會不把每個沉默都看成冷漠，也不再把每個疏離都理解為拒絕。

她說：「我開始告訴自己，世界不是敵意組成的，有些忽略只是無心，有些沉默只是累了。」

這種轉變，不是讓她變遲鈍，而是讓她多了一份內在空間。

她可以依然細膩、依然善感、依然溫柔，但不再那麼容易內傷。

她說得最好的一句話是:「我學會相信不是所有人都在觀察我,大部分人只是活著。」

當你願意放過自己,你才會發現壓力不是因為你不夠堅強,而是因為你總是太早對未來的風險反應太深。

你的敏感是寶貴的,但讓它成為你的資產,而不是你的負擔,這是成熟的開始。

第二節　完美主義的行動癱瘓困境:想太好,所以動不了

做不到最好,就乾脆不做

謝宗翰是一位自由接案的動畫設計師,技術好、品味佳,作品集一流。每次朋友介紹案子給他,客戶也都很期待。但問題總出在交件日:「這案子我還沒調整完,能不能再等幾天?」「我想再優化一下,快好了。」

「快好了」成了他的口頭禪,但也成了他事業卡住的原點。

有一次,他接了一個原本只需要三週完成的動畫片頭,因為想讓畫面更細膩、分鏡更精準、動態更有層次,他拖了快兩個月,最後被對方取消合作。

他不是懶,也不是能力不夠,而是 —— 他太在意做得完美,

第二節　完美主義的行動癱瘓困境：
　　　　想太好，所以動不了

以至於無法接受做得只是「可以」或「夠好」。

這種思維背後，不單是高標準，更是一種心理焦慮：如果交出去的東西不夠好，那代表我這個人也不夠好。

完美是一種心理補償：想被肯定，所以不敢冒險

完美主義者的邏輯通常是這樣的：

- 「我必須做到最好，才有資格被認同」
- 「只要還有缺陷，我就不能讓人看到」
- 「做不好就會被否定，所以我寧可等到最完美時再出手」

但這樣的思維，很容易變成行動的陷阱。因為現實世界永遠不會等到完美才開始動。

宗翰的問題不是沒能力，而是他的內在對話太苛刻。他對自己說：「這樣不夠好，還不能交。」而這句話，其實是他對自己的不安全感在說話。

心理學家亞伯特・艾利斯（Albert Ellis）曾提出「非理性信念理論」，其中一項核心觀點就是：人們經常陷入一種「必須做得完美」的非理性想法，進而導致焦慮、拖延與行動停滯。

宗翰正是如此。他的「完美」，其實是一種保護殼，保護他不去面對可能的失敗與否定。

他不是真的想把東西做到極致，而是害怕如果不極致，就無法被接受。

拖延，不是懶惰，是害怕被否定

完美主義者最常見的矛盾行為就是：一邊設定極高目標，一邊拖延行動。

他們會說：「我要再準備一下」、「再確認一下細節」、「還不夠理想」……但實際上，他們早就準備好了，只是心理還沒允許自己出手。

宗翰曾在一場創作者聚會上坦承：「我其實不是做不出來，我只是很怕交出去後被人說『也還好嘛』，那種感覺會讓我懷疑自己是不是白努力了。」

這種思維，讓他陷入「行動癱瘓」的模式：要嘛不做，要嘛做到沒人能挑剔，否則他就感到極大的不安與羞愧。

行動心理學指出：當人將結果與自我價值綁在一起時，任何行動都會變成風險。

所以，與其承擔「做出來但不夠好」的風險，完美主義者寧可選擇「先不做」，這樣就可以避免面對潛在的否定與羞辱。

但結果就是──什麼都沒發生，也什麼都沒完成。

從「夠好」開始，是最務實的進步策略

宗翰後來參加一場由動畫業界資深前輩舉辦的實戰工作坊，課程第一句話就是：「創作不是一次到位，是不斷交稿與修改的結果。」

第二節　完美主義的行動癱瘓困境：
　　　　　想太好，所以動不了

他開始練習新的行動模式：

◆ **先定義「可交付版本」**：不是最完美，而是「可以測試反應」的版本

◆ **設定階段進度而非終極目標**：每週只完成一小段，而非一次要完成全片

◆ **接受他人回饋是流程的一部分**：交出去被修改不是羞辱，而是合作本質

他開始習慣把作品分階段交付，從「50％草稿→ 80％初版→ 95％修訂」這樣推進。結果不但提升效率，客戶滿意度也提高，因為客戶參與其中，反而有更多信任感。

他發現，完美不必是起點，它可以是漸進的結果。

你不是在爭取完美，而是在追求可控的自我價值

完美主義的背後，其實是想掌控「別人如何看我」。我們以為追求完美，是一種對事的責任，其實更多是對自己的價值不放心。

但真正有價值的人，不是做什麼都無懈可擊，而是願意讓作品先站上舞臺，即使它還不完美，也有開始存在的勇氣。

宗翰後來說過一句話：「我發現，與其努力當個完美的創作者，不如當一個願意前進的人。只有交出來，這世界才知道你在努力什麼。」

你不用放棄高標準，但你要知道：

第二章　你怎麼煩，就怎麼卡住：性格與壓力觸發點

- ◆ 沒有人能在第一次就把事情做滿分
- ◆ 不夠完美的開始，也能走向優秀的成果
- ◆ 真正被看見的，是你願意邊走邊調整的那份踏實

你的完美不是不值得追求，但不要讓它綁架了你的起步。

你可以繼續往最好走，但請先讓「夠好」帶你出發。

第三節　成就導向者的失控節奏：快不是問題，但不能無限加速

越想贏，越容易輸在節奏

林家勳是某科技新創公司的業務總監，年僅 33 歲就帶領團隊完成三輪募資。外人看來他是標準的人生勝利組，每一季的業績都超標，每次簡報都極具感染力。他的口頭禪是：「這個月超前，下個月就能破紀錄！」

但熟悉他的人都知道，這樣的「高效表現」是靠著超額燃燒換來的。他每天凌晨兩點還在傳訊息指派任務、週末安排三場會議、每個月至少有三天因身體不適掛急診。

他的團隊成員都佩服他的能力，卻也壓力山大。有人說：「我們不是被 KPI 壓垮，而是被他不知疲倦的節奏壓垮。」

某次在一場內部回顧會議上，他因為一位同仁未達預期進

第三節　成就導向者的失控節奏：
快不是問題，但不能無限加速

度，當場發火：「你如果連這點壓力都扛不住，要怎麼跟我一起拼成長？」

那一刻，場面冷到只剩沉默。而他自己也在下班途中頭痛到送急診。

這就是典型成就導向型人格在壓力下的失控節奏。他們以目標為生命主軸，卻經常忽略了自己與他人的心理與生理負荷。

他們不是不怕累，而是害怕一旦停下來，就會輸掉整場比賽。

動機高≠穩定推進，過勞反而會摧毀目標本身

心理學上，成就導向型人格的特徵是：重視外部評價、追求成果表現、競爭意識強、焦點集中在結果而非過程。

這類型的人在初期往往表現亮眼，能夠帶動團隊、激勵同事，甚至影響整體組織節奏。但問題在於——他們的內在節奏感不穩定，容易用爆衝來追求突破，用疲憊來換取效率。

林家勳的問題不是沒能力，而是他把自己與目標綁在一起，失去了節奏感的平衡。

心理學家 Edwin A. Locke 與 Gary P. Latham 在目標設定理論（Goal Setting Theory）中指出：明確與具有挑戰性的目標能提升表現，但如果過度聚焦於目標而忽略資源與人際管理，反而會導致績效崩盤與心理耗竭。

簡單說就是：你能衝，但你要知道怎麼踩煞車。

不是你跑得不夠快，是你一直沒給自己喘息的時間

家勳的問題，其實不只是節奏太快，而是他沒有內建「恢復機制」。

他不允許自己放鬆，不接受「低效率時段」，連開車塞車時都會用藍牙處理三通電話，甚至連午餐時間也用來回覆簡報意見。

他的潛意識裡有一套信念：「現在不拼，以後會後悔。」這句話驅動了他的行動力，也偷走了他的平衡感。

有一次，他因壓力引發腸胃出血，在病床上他第一次靜下心問自己：「我是真的熱愛這份工作？還是我只是不知道停下來怎麼活？」

這就是成就型人格最深的盲點──他們不敢慢，因為慢了就會失去存在感。

但現實是，節奏的穩定，才是成果的可持續來源。你不是馬拉松選手，但你卻用短跑的方式過每一天，久了必然出事。

從成果導向轉為能量導向：換一個看績效的邏輯

家勳後來在接受高階主管教練時，對方丟給他一個問題：「你是不是只會問自己完成了什麼，卻很少問：你是用什麼狀態完成的？」

這讓他開始反思：我拚了命交出好成果，但交完後我的團隊是否還有餘力？我自己還有餘溫嗎？

第三節　成就導向者的失控節奏：
　　　　快不是問題，但不能無限加速

教練幫他建立了一個新的思維模型：

◆ 不再只問：「有沒有達標？」
◆ 而要問：「完成這個目標後，我還有能量繼續前進嗎？」
◆ 也問：「團隊有沒有辦法在這個節奏下成長？」

這就是從成果導向→能量導向的轉換。

他開始調整開會時間、改用非同步工作工具、設定「無任務週五下午」、自己每天強制停工時間。

他發現：績效沒有下降，反而穩定度提升、團隊流動率下降、創意產出變多。

因為大家不再只是為了趕死線，而是開始能用清醒的大腦解決真正的問題。

你的快，若沒有節奏，就是慢性耗損

家勳後來對團隊說：「我們當然還是要拼，但拼的方式要升級，不是靠壓榨，而是靠設計。」

成就導向型人格不需要放棄目標，但他們需要學會的是：

◆ 速度要與回復時間搭配
◆ 衝刺要與調節週期交替
◆ 不是永遠快就是贏，而是對的節奏才能長期贏

家勳現在依然是一位高績效的領導者，但他不再用爆衝的

047

方式生活。他在簡報裡會加一句話提醒團隊:「績效不是用來壓死人的,而是讓我們看見彼此的發光點。」

你也可以是高效、有企圖的人,但請記住:

快不是問題,但快要有節奏;你能撐,不代表你該一直撐。

最強大的,不是全力衝刺,而是知道什麼時候該調整腳步,確保你能跑得遠,也能跑得久。

第四節　給予型人格與過度付出的代價:你以為在幫,其實在耗損自己

情緒帳本的無聲透支

陳佳怡是一名資深社工,在職場上有著極高的口碑與敬業形象。不論同事需要支援,或學生家庭發生突發事件,她總是第一個出現的人。她習慣性地說:「沒關係,我來處理。」時間久了,大家對她的反應也習以為常,似乎她的存在就是為了「補位」。

但某次年度總結會議後,主管在報告中僅提及幾位績效優異的同仁,並未提到佳怡的貢獻。她微笑著離開會議室,回到辦公桌前卻無預警落淚。她沒有責怪任何人,只是低聲說了一句:「我真的好累。」

這樣的情緒反應,並不是單次疏忽造成的傷害,而是長期

第四節　給予型人格與過度付出的代價：
　　　　你以為在幫，其實在耗損自己

默默付出後內心累積的「情緒帳本赤字」。給予型人格常常忽略自己的需求，將幫助他人當作自我價值的證明，但也因此容易進入耗損循環。一旦外界的回饋不足，他們會感到失衡，甚至懷疑自己的價值是否被看見。

認同來自付出，也讓人捨不得拒絕

給予型人格的心理邏輯是：只要我對別人好，別人就會肯定我；只要我幫助夠多的人，我就會有存在感。這種信念往往源自於早年家庭經驗或社會化過程中對「有用之人」的重視。

佳怡從小是家中長女，父母忙於工作，她被賦予照顧弟妹的責任，也因此在「付出」中獲得了被肯定與被需要的感受。這種情感模式延續到她的職涯，成為她行動的預設模式。她不輕易說「不」，甚至會在別人還未開口前就預測對方需要什麼。

然而，這種「預先給予」的行為並非真正的同理，而是一種控制型的情感策略。她希望透過幫助來確保關係穩定，確保自己在他人心中的價值地位。一旦這種價值感被忽略，她內在的情緒平衡就會崩潰。

當你總是主動，別人也會習慣被動

長期的過度付出，會不知不覺地改變人際互動的結構。佳怡發現，有些同事開始把責任轉嫁給她，甚至連自己能處理的

事也直接交給她。當她偶爾遲疑或婉拒時，對方反而表現出不悅或驚訝。

這就是「心理預期失衡」的結果。當一個人習慣性扮演給予者的角色，他人便會建立起「她會幫我」的心理預設，一旦這個預設被打破，對方就會產生失落感，甚至將責任轉嫁回來。

這樣的現象會讓給予型人格更加不敢鬆手，擔心「一不幫就沒人要我了」、「我如果自顧自己，是不是會讓人失望」。於是，他們開始為了維持他人的期待而持續付出，形成一種人際中的「情緒過勞」。

心理學家蘇珊·菲斯克（Susan Fiske）在社會關係理論中指出，當關係中的給予與回報長期失衡，給予者會產生內在衝突，進而演變為人際倦怠與自我否定。

設立界線，是成熟的善良

真正健康的給予，不是毫無底線的付出，而是有界限的交換。佳怡在接受心理督導輔導後，開始嘗試改變過往習慣。她學會先評估自己的狀態，再決定是否給予協助；學會明確說出：「這件事我能幫忙，但可能需要你自己先處理初步部分。」

剛開始她也不習慣，總擔心拒絕後會被視為冷漠或不合群。但她很快發現，一旦她主動設定界線，反而讓人更尊重她，也讓原本過度依賴她的同事開始回歸自我負責。

第四節　給予型人格與過度付出的代價：
　　　　你以為在幫，其實在耗損自己

　　她也學會判斷哪些幫助是出自真心，哪些是出自「想被認可」的焦慮。當她意識到自己正進入情緒負債的狀態時，她會提醒自己：「我不需要一直證明自己，才能值得被愛。」

　　界線不是拒絕關係，而是保護關係的方式。當你明確地告訴別人你的限制，才能避免關係走向失衡的方向，也才能讓你的善良不再是壓力的來源。

你可以幫人，但不該用自己換來感激

　　佳怡現在依然是團隊中被稱為溫暖的同事，但她不再什麼都接、不再一人撐起團隊的缺口。她更懂得分配責任，也更能享受與人共事的節奏。她說：「我學會相信，不是每一次幫助都要讓我感覺筋疲力盡。」

　　給予型人格不是錯，錯的是當你為了被喜歡，而讓自己透支；當你為了不失去他人，而遺失自己。你值得幫助別人，也同樣值得被照顧。當你學會說「這次我先顧自己」，並不代表你變冷漠，而是你終於學會如何長久地保有自己。

　　真正的溫柔，是不以自我犧牲為代價的善良。因為你也值得，在不被消耗的狀態下，繼續做一個溫暖他人的人。

第五節　懷疑型人格的自證預言效應：你以為在自保，其實在自限

當你預期失望，就會行為地製造失望

蘇祐庭是一位法務顧問，在業界以審慎著稱。他對文件極度講究、對風險有超高敏銳度，也總能在合約細節中找出潛藏問題。然而，團隊成員總覺得他「很難合作」，甚至有點防備心太重。提案簡報一結束，他總是第一個挑錯誤，回報簡報時語氣總是冷冷的：「這部分有問題，你確定要這樣呈現？」

表面上看來，他只是謹慎；但實際上，他早就對團隊設定了負面預期。祐庭心中常有這樣的聲音：「如果我不先指出問題，這群人遲早會讓我承擔後果。」於是，他總在合作開始前先預設對方會犯錯、會讓自己失望、會把事情搞砸。

這種預期，讓他不斷強化防備行為，無形中也讓對方感受到距離與不被信任。漸漸地，同事真的變得消極，也不願主動與他協作。於是，祐庭內心的推論被印證了：「你看吧，他們果然不可靠。」

這正是心理學中所謂的自證預言（**self-fulfilling prophecy**）。當一個人對未來或他人抱持負面預期時，他的行為會逐步推動環境朝這個方向發展。最終，他所懼怕的事，往往正是自己一手導致。

第五節　懷疑型人格的自證預言效應：
你以為在自保，其實在自限

不信任他人，是因為不相信自己能承擔失望

懷疑型人格的人不是天生挑剔，而是內在有一種「恐失控」的情緒結構。他們不願相信別人，是因為相信的風險太大，一旦相信錯了，就等於讓自己承擔所有後果。他們寧願在第一時間切斷信任的可能，也不願面對「原來我看錯人」的痛苦。

祐庭的成長背景充滿不確定與責任壓力。從小，家裡經常發生衝突，父親情緒反覆，母親依賴性強。他學會一件事：「不能相信人說的話，只能靠自己把關。」

這樣的經驗讓他在人際互動中處處設防。他不是不想建立關係，而是不相信關係能被維持。他會用邏輯、規則、合約、條文築起高牆，目的不是排斥，而是保護。只是，這樣的保護也讓他失去了被信任與真誠互動的機會。

心理學家艾瑞克・艾瑞克森（Erik Erikson）在其人格發展理論中提到：信任的建立是人生初期的核心任務，若未成功完成，成年後會對關係產生持續的不安全感。懷疑型人格即是此現象的延伸，他們不只是質疑別人，更是在懷疑自己能不能承受被辜負的風險。

把人看小，久了就會讓人真的縮小

祐庭某次帶領新專案，與一位年輕助理共同撰寫提案。他在第一週就連發十多封指正信，指出對方措辭不夠精準、排版不

夠嚴謹、數據無法佐證。助理起初耐心配合，但到了第三週，開始出現拖延、反應遲緩甚至直接交出未修整的草稿。

這讓祐庭更確信：「我就知道不能依賴他。」但主管在旁觀察後說：「你不是遇到一個不負責的人，你是讓他感受到他永遠無法達到你的標準，乾脆放棄了。」

這段回饋讓祐庭沉默許久。他突然明白，自己那些預防性的質疑，變成了對方能力的封鎖。他的高標準並沒有提升團隊品質，反而創造了一個消極、躲避、缺乏動能的合作氛圍。

你怎麼看別人，別人就會怎麼行動給你看。這不是心理操控，而是情緒場的互動結果。當你一直投射出「你會讓我失望」的訊號，對方感受到的是壓力與挫敗，而非激勵。

認識信任的本質，不是盲目，而是選擇放下控制

懷疑型人格最需要練習的，是「選擇性信任」。信任不是什麼都不問，而是明知可能有風險，仍選擇給予空間。不是不保護自己，而是知道什麼時候該鬆手，讓人有成長的機會。

祐庭後來開始改變領導方式。他在專案開始前，清楚設定標準與責任邊界，然後在過程中刻意練習「等待」與「鼓勵」，而不是立刻質疑。他說：「我開始相信，有些進步需要犯錯來累積，而不是我一句話講完就會出現。」

第五節　懷疑型人格的自證預言效應：
你以為在自保，其實在自限

他也練習將疑問轉為開放式回應，如：「你這段的邏輯很好奇是怎麼想的？」而非：「這裡的結構有問題吧？」

這樣的改變讓團隊氣氛顯著提升。人們不再只是防守性工作，而能主動提供創意與修正建議。祐庭驚訝於：「原來不是我太懂細節，是我太不給人呼吸。」

你不是天生懷疑，是習慣不讓希望先出場

信任不是天真，而是一種成熟的心理選擇。你可以觀察、可以懷疑，但別讓懷疑成為你對所有關係的唯一起手式。你可以質疑別人的能力，但別先否定別人改進的可能性。

祐庭現在依然是一位精準的法務專業者，但他多了一項新的能力：懂得信任的設計。他不再用壞預言保護自己，而是用開放的架構培養信任的土壤。他說：「我還是小心，但我不再讓自己錯過那些本來可以一起完成的事。」

你也可以如此。你不必信任每個人，但你可以選擇相信「不是每次給出信任都會被傷害」。因為真正強大的人，不是永遠懷疑，而是即使曾經受過傷，依然願意再次相信。

第六節　如何設計與你性格對位的壓力回應模式：你不需要變堅強，只要更適合自己

壓力不是問題，錯配的反應才會讓人崩潰

黃雅婷在疫情後轉任一家非營利組織的企劃經理。她在前份工作表現出色，但新環境的高壓節奏與複雜人際讓她在短短半年內出現失眠、焦慮、皮膚過敏等壓力反應。她參加一場職涯諮詢工作坊時苦笑著說：「我以前也扛過大案子，怎麼現在一下就覺得快被壓垮？」

顧問回問她：「妳有沒有發現，現在的壓力場景和妳過去的因應方式不一樣？也許不是妳變脆弱了，而是妳用了錯的方式對抗壓力。」

這句話點醒了她。

每個人對壓力的耐受度不同，但更關鍵的是我們使用的應對模式，是否與性格結構相容。壓力本身不是絕對的敵人，真正讓人痛苦的是「不適合自己」的處理方式。當你試圖用外向者的「社交宣洩法」來處理內向者的「認知壓縮式焦慮」，或用完美主義者的「逐條反思法」來應付即時危機，結果往往只會讓情緒更加混亂。

第六節　如何設計與你性格對位的壓力回應模式：
　　　　你不需要變堅強，只要更適合自己

性格結構決定你對壓力的第一反應

心理學家漢斯·艾森克（Hans Eysenck）將人格分為內外向、穩定性與神經質等維度，而這些性格傾向對壓力反應有顯著影響。例如：

內向者在高刺激環境下更容易感到耗能，因此在壓力下傾向退縮或閉鎖；外向者則較能透過互動與表達釋放張力。完美主義者會過度焦慮失控細節；成就導向者則可能將壓力誤認為推進力，直到過勞才意識到問題。

以雅婷為例，她過去在教育單位任職，能以深度規劃、單點投入方式穩定推進。但轉入新環境後，工作強調快速回應與多工協調，使得她原有的壓力處理方式——深思熟慮與預設完備——變得窒礙難行，導致心理上的「策略落差感」。

因此，她面對的不是壓力本身，而是她長期仰賴的應對策略不再適用，導致系統性崩潰。

為不同性格打造壓力回應工具包

與其要求每個人都學會「頂住壓力」，更實際的是讓每個人找到與其性格對位的回應機制。以下為幾種常見性格類型與建議策略：

第二章　你怎麼煩，就怎麼卡住：性格與壓力觸發點

▪ 內向深思型

適合使用「結構性整理」法，透過筆記、流程圖或單人思考空間將混亂整理為秩序，並安排獨處後再進入互動。

▪ 完美主義型

適合使用「容許模糊」法，將任務區分為「高精準要求區」與「容許瑕疵區」，並針對後者練習設定「完成即可」的底線。

▪ 成就導向型

適合「分段式衝刺」法，將目標切為小段，並於每段之間強制休息，防止進入長期爆衝狀態導致體力透支。

▪ 高敏感型

適合使用「情緒轉譯」法，透過書寫、冥想或感官調節（如嗅覺、觸覺）進行內在情緒去濾化與辨識。

▪ 懷疑型人格

適合「信任練習」法，從小處建立可預測、低風險的合作關係，漸進式培養外部支持系統與信任經驗。

這些方式不會讓壓力消失，但能讓壓力變得可控，而不是持續侵蝕你的行動力與健康。

第六節　如何設計與你性格對位的壓力回應模式：
　　　　　你不需要變堅強，只要更適合自己

與其抗壓，不如調頻

大多數壓力書籍會告訴你如何「抗壓」，但真正長久可行的不是抗，而是調。這就像音樂中的「轉調」與「調頻」：如果一段旋律過高，你不可能一直硬拉著唱，而是應該轉調到你擅長的頻率。

雅婷開始調整自己的作業方式，她主動和主管溝通：每週安排半天「深度處理時段」，不接急件、不開會，只處理需高度認知與專注的任務；並協調將跨部門簡報交由擅長即席互動的同事負責。

她也開始建立「恢復日常」──將每週四晚訂定為無社交日，完全不工作，只做單人活動，如繪畫、看書、泡澡。這樣的安排讓她在面對高壓週五提報時，心理狀態更穩定，甚至逐漸找回自己的節奏。

壓力不是不應該存在，而是你該擁有一套為自己設計過的節奏切換裝置。調整不是逃避，而是自我對位的調頻重建。

每個人都該設計自己的壓力配速器

當你認識自己的性格反應，你就能開始設計屬於自己的「壓力配速器」。這不只是緩解焦慮，更是讓你在關鍵時刻能保有判斷、行動與回復力的關鍵。

第二章　你怎麼煩，就怎麼卡住：性格與壓力觸發點

這個配速器可以包括：

壓力反應自我覺察表：記錄近期壓力來源、行為反應與情緒表現，建立模式辨識

情緒回穩選單：準備三至五種能幫助你快速回穩的活動，如短暫散步、深呼吸、快速書寫

節奏切換提示卡：提醒自己何時該停止工作、開始休息，以及何時該放慢節奏

這些工具沒有絕對形式，關鍵是你願意承認自己無法總是高速運轉，並願意為自己的性格設計一條可長可久的壓力應對路徑。

雅婷最後這樣說：「我不是變強了，我只是變得更懂得怎麼用我擅長的方式繼續前進。」

壓力不會走開，但你可以選擇不再硬撐，而是用一種適合自己的節奏與方式，活出真正的穩定感與持久力。

第三章
說話與沉默都藏著心理劇本

第三章　說話與沉默都藏著心理劇本

▎第一節　你說的話，早就在腦中彩排過

語言不是即興，而是深植的心理預演

沈子琪在一次內部升遷面談中，準備了一套極為周到的發言流程。從進門打招呼、說明過往績效、闡述未來規劃，每一句話她在腦海裡彩排了無數次。她甚至在前一晚錄下自己的練習，重複播放確認語速與語氣。但真正進入會議室，她卻在主管問及「你最大的挑戰是什麼」時，突然語塞，說出一句模糊的回應：「嗯……我覺得每件事都可以是挑戰吧……」

面談結束後她懊悔萬分，不斷自責為什麼自己在最重要的時刻「講不出話」。但真正的問題不是她沒準備，而是她的準備從一開始就走錯了方向——她準備了一份「希望別人聽見的形象」，而不是一份來自內在真實感受的對話素材。

我們以為說話是一種表達，其實說話更多時候是一種自我保護性的劇本演出。這份劇本早已寫好，只是等待適當情境觸發，而我們在說話時扮演的不是「自己」，而是我們以為別人期待我們成為的角色。

每一次開口，其實都是自我呈現的選擇

社會學家厄文·高夫曼（Erving Goffman）的「自我呈現」指出：人在社會互動中，會依據場合與預期形象調整自己的語言

第一節　你說的話，
　　　　早就在腦中彩排過

與行為表現，就像演員在不同舞臺演出不同角色。

子琪的發言不自然，並不是能力不足，而是她太過努力地想扮演「值得升遷的人」，以至於忽略了自己本來的語言節奏與情感強度。

她將面談當作一場必須完美執行的演出，過度關注語言本身的邏輯與形式，而忽略了語言背後的真實經驗與情緒連結。這種從角色出發而非從自己出發的說話模式，讓她產生了語言的「切離感」，也導致溝通失靈。

在日常生活中，我們都經常進行這樣的語言彩排：

◆ 會議前設想如何開場才能展現專業
◆ 回覆訊息時反覆斟酌語句避免誤會
◆ 約會前想像該不該先提起前段關係

這些語言的準備行為，本質是為了降低風險、提升掌控感。

但當這些彩排成為習慣，我們就可能陷入語言與內在情緒的斷裂，變得說很多話卻沒說重點，說得很完整卻讓人感覺很空。

慣性劇本會讓你無法察覺自己的真實需求

子琪回顧自己的語言習慣時發現，自己在面對權威時總是語氣偏低、句尾習慣性加上「應該吧」、「可能是」這類語言軟化詞。她以為這是禮貌，後來才理解那是「避免衝突」的語言習慣，根源來自她對失敗與否定的敏感。

她也發現，在與親近朋友談話時，她反而能說得清楚、流暢且充滿熱情。這兩種語言差異，不只是場景不同，更反映出她在不同心理安全感條件下語言功能的變化。

語言不是只有傳遞資訊，它還傳遞我能不能在這裡被接納的心理訊號。

當你總是在特定情境中重複使用某些語言模式，那些不是偶然，而是你長期累積的「心理劇本」。你或許早已無意識地將某些語言結構內化為自我保護機制。

例如：

◆ 總是用玩笑包裝拒絕，其實是怕說出「不要」會讓人不高興
◆ 經常用問題句而非陳述句，是因為怕負責任地表達意見會被反駁
◆ 習慣性附和對方，是因為潛意識在迴避衝突或失去好感

這些語言劇本會讓你在需要清楚表達時語意模糊，也讓你在應該說真話的時候選擇逃避。

拆解語言習慣，重建你與語言的關係

子琪開始進行一項自我語言觀察練習。她記錄下每次在重要場合說話後的內在感受，並標記自己說的話是否「忠實反映真實想法」或只是「為了讓對方滿意」。

幾次下來，她開始辨認出自己的語言慣性模式：

第一節　你說的話，早就在腦中彩排過

她發現自己經常在話語開頭加上「我不知道你怎麼看，但我只是……」，這句話看似謙虛，實際上是一種「先讓自己退一格」的策略，以防萬一對方反應不佳時能有後退空間。

她試著刪掉這類語句，只留下核心訊息：「我認為這個案子的時間規畫需要重新調整。」結果，她不但沒有被批評，反而獲得主管正向回饋：「妳這樣講得很清楚。」

語言是一種可以訓練的工具。你可以透過日常練習讓語言不再只是防衛工具，而成為你與外界真誠連結的橋梁。

這樣的練習可以包括：

◆ 在對話中刻意練習「說明需求」而非「表達擔心」
◆ 用陳述句代替疑問句，清楚表達立場與觀點

將情緒融入語句中，例如說：「我對這個安排感到焦慮，不是因為反對，而是擔心團隊節奏會被打亂」

透過這樣的語言重塑，我們才能把語言從「彩排工具」轉換為「連結工具」。

真誠的語言，來自你敢面對當下的自己

子琪在一次團隊會議中，終於勇敢地在被問到「你對這次策略有什麼建議」時，不再說「其實都可以啊」，而是說：「我其實有些擔心這個方向會讓執行端過度承壓，我的建議是重新評估第一階段的執行時間。」

語氣不高,卻穩定;內容不多,卻精準。她的主管點點頭,說:「這樣就很好。」

那一刻,她感覺到一種新的語言力量在身上啟動。不是背稿,不是圓滑,不是取悅,而是回到當下的自己——說出來,是因為這的確是我真心想說的。

我們每個人都曾用語言保護自己,但也該學會讓語言成為我們連結世界的誠實入口。

你說的話,是你的人格延伸;你說不出口的話,是你對關係的恐懼。當你願意拆解那些彩排過多次的話,你才可能重建一套更貼近真實、更有效溝通的語言系統。

因為真正的語言能力,不在於你說得多圓滑,而在於你能否讓人聽見一個真實、穩定、願意面對當下的你。

第二節　非語言訊號比語言更真實:
你沒說出口的,其實都被看見了

身體會先說話,語言只是補充

魏宗倫是一位資深商業顧問,擅長談判與簡報。他總說:「我重視數據,但更相信對方在說謊時的眼神。」在一次策略合作談判中,對方負責人語氣誠懇,條件開得漂亮,但宗倫卻在簡報進行到一半時突然打斷對方,改提一個原本沒在議程中的

第二節　非語言訊號比語言更真實：
　　　　你沒說出口的，其實都被看見了

條件點。會後他解釋：「他在說合作穩定時，眼神卻往下偏，身體略為後傾，代表他在迴避某些細節。那不是表達，是掩飾。」

這就是非語言訊號的威力。

我們以為溝通靠說話，但實際上，溝通中有超過六成的訊息是透過非語言傳遞。臉部表情、眼神移動、肢體姿態、聲音節奏、身體距離，這些元素往往比語言更早、更快、更真實地揭露一個人的內在狀態。

而最關鍵的是，非語言表達常常不是刻意設計的，而是潛意識對當下情境的反射反應。因此，它更接近「人真正的心理當下」，也更不容易說謊。

語言能掩飾情緒，肢體卻誠實無比

心理學家艾伯特・麥拉賓（Albert Mehrabian）在溝通研究中發現，人際互動中情緒訊息的傳遞，語言只占7%，聲音音調占38%，而肢體語言則占了55%。這項數據雖被誤解與過度引用，但背後的核心觀念成立：我們更容易相信身體，而不是文字。

宗倫曾指導一位新人簡報，對方語言結構清晰、資料齊全，但宗倫仍指出：「你說『我很有信心』時，手卻緊握成拳，站姿向後傾斜，眼神沒對觀眾，這代表你的身體在否定你說的話。」

對觀眾來說，這樣的矛盾會產生不信任感，因為他們無意

第三章　說話與沉默都藏著心理劇本

識地接收到訊號:「這個人不是真的自信,他只是讀稿而已。」

這樣的非語言訊號會在多數情境中左右人對你的感受與信任強度。當一個人表達道歉時,若語氣低沉、眼神逃避、雙手緊握,聽者可能解讀為不真誠;而如果面部放鬆、語氣穩定、身體略微前傾,則更可能被視為真心悔意。

語言是可以練習的,但身體會出賣你真正的態度。而你無法控制你不知道的動作,除非你開始學習看懂自己。

你沒意識到的表情,就是別人記住的你

非語言訊號最直接也最不易察覺的,莫過於臉部表情。美國心理學家保羅・艾克曼(Paul Ekman)提出「微表情理論」,指出人臉上的某些快速出現、極難抑制的表情變化,能揭示情緒的真實性。這些微表情可能在 0.2 秒內閃現,但具有強烈辨識價值。

舉例來說,當一位主管在聽部屬簡報時,即使嘴角上揚表示認可,但眉頭短暫皺起的瞬間,已透露出某種懷疑或擔心。而這樣的反應,會被敏感的部屬立即記住,並加以放大。

宗倫指出,與其在會議中假裝熱情,不如讓自己的身體配合語言同步。例如你說「我很期待接下來的合作」,但雙臂抱胸、身體後傾、語調平淡,對方接收的是「這個人防備心重,沒誠意」。

第二節　非語言訊號比語言更真實：
　　　　你沒說出口的，其實都被看見了

真正有效的非語言溝通是語言與身體同步一致。這種一致性才會讓對方產生信任感與互動意願，否則聽者會感到「哪裡怪怪的」，卻說不出來是哪裡。

當我們開始練習覺察自己的表情與姿態，就會發現：真正說話的，不只是嘴巴，而是整個人。

解讀他人訊號，別只聽話，要看行為

非語言訊號不只用來了解自己，更是判讀他人真實意圖的重要依據。宗倫在帶新人進行簡報回饋時，不只觀察報告內容，也觀察聽眾的身體反應。他指出，真正的關鍵不是聽眾說了什麼，而是他們「怎麼坐、怎麼看、怎麼點頭」。

例如：

◈ 頻頻點頭未必代表認同，可能是出於禮貌或敷衍

◈ 雙手交握放在桌上通常表示保持距離與防守

◈ 若聽者身體微微前傾、眼神穩定注視，才是真正投入訊號

宗倫說：「觀察非語言不是為了操控，而是讓溝通更真誠。」當你看懂對方的反應，你就能調整語速、停頓與語氣，提升對話品質。

在高壓溝通場景中，語言可能被壓制，但身體很難說謊。當你開始留心對方的微小動作，你會發現很多話，其實他們早已「說」了，只是沒用嘴巴而已。

身體語言的覺察，是你真正的溝通升級術

學習非語言訊號的目的，不是學會偵測他人，而是讓你成為更有意識的溝通者。當你知道自己哪個動作會被誤解、哪句話說得太快、哪個眼神讓人卻步，你就能重新設計你想傳達的訊息。

宗倫在訓練新人時要求他們做一件事：錄下自己講話的過程，並關掉聲音，只看畫面。他說：「如果你只看動作還能感受到想表達的情緒，那才是真的溝通。」

語言是可修飾的，但身體是真實的。當你練習讓語言與身體一致，你就能產生一種「沉穩中帶有感染力」的溝通風格。這種風格不靠技巧堆疊，而是從你對自己的理解與誠實中自然流露。

你可以不說話，但你不能不表達。你可以話少，但你不能忽略你身體正在說的每一件事。因為在人際溝通中，你沒說出口的，其實早就被看見了。

第三節　面對衝突時你的語言是逃避還是操控？你想解決問題，還是迴避情緒？

衝突當下的語言，其實揭露了你的心理劇本

陳子涵是某文創公司的企劃主任，工作細膩、思路清晰，深受同事信任。但有件事讓主管相當頭痛：她總是在專案壓力最大時保持「過度客氣」，遇到誤解時也不反駁，事情過後卻會傳訊息長篇解釋，甚至帶著濃厚情緒。久而久之，同事們對她的信任感開始動搖，覺得她表面配合，實則難以溝通。

某次會議中，當另一位同仁提出不同意見時，子涵說：「我其實都可以啦，你們怎麼安排都沒關係。」但表情略顯僵硬，會後她卻私下說：「他根本沒尊重我，我早就提過我的想法了。」

這就是衝突語言中的典型「逃避型語句」：話講出來了，卻什麼都沒說清楚；場面和諧了，問題卻沒解決。

語言不是中立的工具，而是衝突情境中最強烈的心理線索。當我們面對不同意見、壓力或批評時，所使用的語言方式，其實深刻映射出我們的情緒管理能力、自我認知與人際策略傾向。

語言逃避不是不在乎，而是怕受傷

心理學家維琴尼亞・薩提爾（Virginia Satir）提出五種典型溝通姿態，其中一種便是「討好型」（placater）：在壓力下過度順

從，以換取關係穩定。子涵便屬於這類溝通者，她的語言策略是「只要現場沒人不開心，我就安全」。

她不是沒有想法，而是害怕把想法說出來會引起爭議，導致關係破裂或被貼上「難搞」標籤。她的語言選擇不是為了解決問題，而是為了「維持場面」。

這樣的逃避語言常見於：

◆ 習慣說「都可以」的人，其實內心有明確偏好卻不敢說
◆ 慣用「沒事啦」收尾的人，其實心裡早已有情緒存檔
◆ 以「先不要講這個啦」來打斷的人，其實只是還沒準備好面對衝突

語言的逃避，是為了保護脆弱的內在自我；但逃避久了，就會讓人無法真正參與合作關係，只能一直演出「沒問題的樣子」。

語言操控不是惡意，而是過度控制的表現

相對於逃避型溝通者，另一端則是「操控型語言使用者」。這類人在面對衝突時不迴避，反而會試圖掌控對話節奏、情緒風向與立場框架。

例如：

「你現在要是不同意，就是不負責任。」

「我只是說實話，如果你受不了，那是你的問題。」

第三節　面對衝突時你的語言是逃避還是操控？
　　　　你想解決問題，還是迴避情緒？

「大家都覺得這樣做比較好，只有你在堅持。」

這些語言看似在討論問題，實則是透過話語安排壓力與立場，讓對方無法在對等位置回應。

操控型語言的本質是恐懼——害怕失去掌控，於是用話語搶占位置感。這類說話方式常見於成就導向或權威性格者，他們傾向將語言當作戰術，不當作連結。

心理學家馬歇爾·羅森堡（Marshall Rosenberg）強調：「真正的非暴力溝通，是從觀察與感受出發，而非從評價與結論開始。」若語言一開口就是定性與指控，雙方就進入對立，而非理解。

看見語言底層的情緒動機

無論逃避還是操控，本質都不是語言技巧，而是情緒處理的路徑選擇。語言只是表象，底層藏著三種心理需求：

- 自我保護：怕說出真話會引起攻擊
- 關係控制：擔心關係失控而試圖掌握話語節奏
- 情緒卸載：不知怎麼處理內在焦慮，只能透過語言發洩

當你開始覺察自己在衝突中出現哪些語言習慣，你就能拆解自己的心理劇本。子涵後來學會自我檢測，每次回應前先問自己：「我現在說這句話，是為了讓問題更清楚，還是為了讓自己看起來不尷尬？」

第三章　說話與沉默都藏著心理劇本

她也學會用非攻擊的方式表達不滿,例如:「我想補充一下剛剛那個想法,因為我心裡有一部分覺得這樣安排可能會讓後續進度卡住。」這樣的語言讓人聽見她的立場,也讓她有參與感。

語言是選擇,不是反射。當你從防衛轉向參與,從操控轉向合作,衝突才會變成對話,而不是權力競技場。

用開放式語言建立安全衝突空間

真正成熟的語言不是避免衝突,而是能在衝突中創造安全。這種語言有以下特徵:

- ◈ 表達自己的情緒狀態,而不是對他人動機下結論
- ◈ 使用我句式:「我覺得這樣的處理讓我有點焦慮」而非「你這樣做很不負責」
- ◈ 釐清事實與感受的界線:「我理解你趕時間,但我仍需要一點討論空間」
- ◈ 邀請回應:「你怎麼看?我想知道你的想法」

子涵現在能在會議中清楚表達:「我不同意這個提議的地方在於進度壓力,不是對你個人有意見,我們可以再一起調整嗎?」這樣的語言既有立場,也有尊重。

當語言能帶著意識而非反應出現時,衝突就不再是威脅,而是一場可能建立信任與共同決策的空間。

說話的目標不是贏,而是更好地理解對方與自己。而理

解，不可能在只有語言技巧的表演中完成，而要從誠實拆解語言背後的情緒出發。

第四節　安靜不是冷淡，而是心理防禦：你選擇沉默，不代表你沒有話要說

沉默常被誤解，其實是另一種語言

周盈潔在朋友眼中是一個「安靜但可靠」的人，工作認真、說話節制、不搶鋒頭。在部門會議上，她總是坐在最後一排，仔細聽記每個人的發言，極少主動提問。即使主管邀請她分享意見，她也多以「我覺得大家說得差不多了」回應。

某次公司進行內部職涯盤點時，有主管說：「盈潔雖然很穩，但感覺缺乏領導特質，似乎對事情也沒太多想法。」而這個評語，讓盈潔內心激烈反彈──她不是沒想法，而是從來沒被好好邀請說出來。

這種現象在心理學上稱為「沉默式防禦」，它並非源自冷漠，而是一種避免情緒風險的策略性回應。沉默不是無言，而是選擇不說。選擇不說，是因為太多時候「說了也不被理解」、「說了反而會被傷害」、「說了之後沒人回應」。

這樣的安靜，不該被視為缺席，而應被看成一種心理節能機制。

安靜的人,往往內心活動更劇烈

沉默型溝通者常擁有高度內省能力,他們對語言的使用非常敏感,因此不輕易發言。他們深知一句話的影響,也知道一旦出口就會被評價,所以寧可選擇閉嘴以保安全。

心理學家榮格曾指出:內向者傾向於將心理能量集中於內部世界,透過內在思考整理資訊,而非即時表達。這類人對情境、語氣、話語邏輯皆有高度警覺。他們不是不表達,而是將表達延後,在經過審慎思考後才會出口。

盈潔就是如此。她回家後會重播整場會議的內容,在腦海中模擬自己若發言會怎麼被解讀。她會用日記整理意見,也會在工作成果中寫下清楚的建議,只是不會當場在多人面前說出來。

她內心有強烈的觀察、整合與反思能力,但這些都被外界的沉默解讀成「缺乏參與感」。

沉默不是疏離,而是高靈敏者的自我保護系統。當你感覺某人總在旁邊不說話,也許他正在進行一場深度內在對話。

誤解沉默,會讓人錯過真正的價值

盈潔後來參加一次跨部門專案,由另一位外部顧問主導討論。與以往不同,這位顧問在每次會議中都安排十五分鐘「書寫沉思時間」,讓每位參與者先將觀察與建議寫下,再逐一閱讀他人意見後討論。

第四節　安靜不是冷淡,而是心理防禦:
你選擇沉默,不代表你沒有話要說

這樣的流程大幅提升了她的參與感。她說:「第一次覺得不用硬開口也能讓我的思考被看見。」

這個經驗讓她明白,不是她不願參與,而是原本的語言節奏不利於她的風格。她開始主動與主管溝通,希望有更多非即席討論的溝通形式,例如書面建議、事前問卷、雙人訪談等。

組織若總是只看見「誰說話大聲、誰主動發言」,就容易錯過那些思路清晰、反應慢但穩定的人。他們不是無聲,而是需要不同的節奏與格式來呈現聲音。

當沉默者有了表達的方式,他們會成為團隊中最冷靜的整合者、最全面的觀察者與最穩定的關鍵聲音。

學會辨認你的沉默,是來自恐懼還是判斷

不是所有沉默都值得維持。有些沉默來自慎重,有些則來自壓抑。區辨這一點,是自我成長的重要過程。

盈潔開始練習自我提問:

◆ 我不說,是因為我覺得此刻不是好時機,還是因為我不敢?
◆ 我不表達,是因為內容還沒成熟,還是因為我擔心會出錯?
◆ 我選擇沉默,是因為我想清楚了,還是我怕面對反應?

這樣的內在檢視,讓她學會把沉默變成一種選擇,而非習慣性的退讓。她開始用「說一點點」取代「完全不說」,從會議中簡單補充一兩句開始,到事後補充意見,再慢慢學會在當場提

出建設性問題。

沉默不該是封鎖情緒的牆，而是等待訊號的窗。

當你知道自己為何安靜，你就不再是被動的旁觀者，而是主動選擇何時參與、何時觀察的參與者。

安靜是一種力量，但你要知道怎麼用它

盈潔最終成為部門中備受信賴的策略思考者。她的聲音仍然不大，話不多，但每一次發言都具穿透力。她說：「我不再責怪自己話少，而是學會什麼時候，我的沉默可以成為提醒；什麼時候，我的話語可以成為錨點。」

你不必變成那個滔滔不絕的人，但你可以成為那個懂得用沉默保留觀察、用語言切中要害的人。

安靜不是你的缺點，而是你心思深處的秩序。當你不再用沉默逃避，而是用沉默觀察，用話語選擇表達，那麼你將成為溝通場域中最值得信任的存在。

沉默不是不說，而是尚未說。你永遠可以決定，什麼時候、在誰面前、用什麼方式，把真正重要的那句話，好好地說出來。

第五節　你想贏對話，還是被理解？語言不只是比高下，而是打開理解的橋

爭贏對話，常常輸掉關係

蔡子偉是行銷部的資深專案經理，邏輯清楚、語速快、擅長辯論。在跨部門會議中，他總能在別人說完話之前，快速指出盲點並提出替代方案。他認為這是效率，也是專業。某次會議中，一位同事才剛說完：「我認為第二季的主視覺應該……」子偉立刻打斷：「這樣風格不夠強烈，市場反應不會好，我建議改用更對比的色彩。」

會議氣氛一度凝結。雖然他的提案有理，但原本願意表達的同事開始沉默，最後形成「反正他會說最好，我們都別說了」的氛圍。

子偉疑惑：「我明明講的都對，為什麼大家反而越來越冷淡？」

答案很簡單：他贏了對話，卻輸了理解。語言若只是攻防的工具，對話就會變成戰場，而不是合作。

溝通不是勝負場，而是共識場。如果我們在語言裡只尋求「誰比較對」，而不是「怎麼才能彼此理解」，那我們就很難建立真正穩固的人際連結。

第三章　說話與沉默都藏著心理劇本

語言中的壓迫感，來自失衡的對話節奏

贏對話的欲望來自深層的控制需求。當我們習慣於快速找出邏輯漏洞、用資訊量壓制對方、用語速搶占節奏，我們其實是在建立一種語言上的主導權。

但這種主導未必讓人敬佩，反而常讓人感到被壓迫。心理學家黛柏拉・泰南（Deborah Tannen）曾提出「對話的兩種文化」理論，指出：某些人在對話中尋求連結與共感，另一些人則追求位置與優勢。

子偉屬於後者。他以為表達就是要強勢、要有說服力、要占上風，卻忘了，對話的品質不在於誰講得快，而在於彼此是否真正有被聽見。

當你太專注於說對的話，你就容易忽略別人說話時的情緒與動機。你可能會聽進語意，卻錯過語氣，甚至忽略對方其實並不需要被糾正，而是需要被理解。

被理解的關鍵，不在你說什麼，而在你怎麼聽

理解的前提是「傾聽」，而不是「等待輪到我說話」。很多人表面在聽，其實只是忍著不說話，腦中早已排好回應句。這種對話不是互動，而是兩個人輪流講自己的臺詞。

子偉開始練習「延遲回應策略」，當他覺得對方的說法有問題時，不立刻反駁，而是先說：「我聽到你認為這樣的設計能帶

第五節　你想贏對話，還是被理解？
語言不只是比高下，而是打開理解的橋

來比較多關注，這背後是有什麼市場回饋做支持嗎？」

這樣的說法有三個功能：

◆ 確認你有在聽（建立對方被重視感）
◆ 引導對方再深入思考（讓對話有機會深化）
◆ 延遲評價（避免對話立即進入對抗）

你想被理解，就要先讓對方感覺「我有機會被你理解」。溝通是相互開放，不是一方設局另一方應對。

把語言從競爭工具變成共感載體

真正的理解，需要我們在語言裡加入「脆弱成分」。你可以說：「我覺得你的方向很有創意，但我也有點擔心執行會不會出現落差，我們可以一起討論調整方式嗎？」

這種語言的邏輯是：我不完全同意，但我願意一起合作找解法。它保留立場，也開啟對話，讓雙方都能進入討論，而不是比輸贏。

子偉後來發現，當他學會這樣說話時，會議氣氛改變了。同事開始更願意回應他的問題，也更願意與他分享未完成的想法，因為他不再是那個會立即打槍的人，而是那個會陪你一起把草圖畫完的人。

說話的力量不只在說得對，而是在說得讓人敢接話。你說得越包容、越有空間，別人才願意把更多的自己交出來。

理解不是妥協，而是成熟的語言力量

有些人誤解「被理解」意味著「我不能堅持」，但其實恰恰相反。理解是一種更高層次的語言力量——你能表達你想說的，同時也能容納對方的話進來。

子偉後來這樣說：「我發現，當我改變語言方式，我得到的回饋更多、更深，也更真實。以前我以為贏得一場會議是最高成就，現在我覺得讓每個人都願意開口說話，才是真的領導。」

當我們學會讓語言成為橋而不是牆，我們就開始成為一個有影響力的人。而真正的影響力，不是讓人服從你說的話，而是讓人願意參與你說的話。

你當然可以試著贏得對話，但更值得的是——讓這段對話成為彼此理解的起點。

第六節　沒有練過的溝通，永遠是自我防禦的反射：你說的話，是你防禦過的版本還是真正的自己？

溝通不是本能，而是需要學習的心理技術

林尚恩是某大學的行政主任，也是個溫和謹慎的人。平時對人有禮、話語節制，從不與人正面衝突。但每當同事與他討

第六節　沒有練過的溝通，永遠是自我防禦的反射：
　　　　你說的話，是你防禦過的版本還是真正的自己？

論制度變更、流程調整或臨時任務安排時，他的回應總讓人感到含糊不清、甚至有點被動閃躲。

當同事說：「尚恩你覺得這樣改流程可行嗎？」

他回答：「嗯……其實每種做法都有它的道理啦，我們再看看也可以……」

這樣的溝通看似體貼，實則是一種典型的語言防禦策略。他不是沒意見，而是不習慣直接表達立場，深怕表錯情、踩錯線、得罪人。他說的不是想法，而是「盡可能降低風險」的話。

這就是沒有練過的溝通：不是思考後的選擇，而是情緒驅動下的本能反射。心理學家丹尼爾‧高曼（Daniel Goleman）指出，當我們缺乏自我覺察與情緒辨識能力時，語言反應多半來自習慣性防禦，而非理性決策。

真正成熟的溝通，不是你能說多少話，而是你能在「情緒升起」的那一秒，做出對話選擇，而不是情緒反射。

語言防禦的形成，來自早期情緒經驗

尚恩的語言反射型防禦，其實源於童年經驗。他的父親嚴格、母親壓抑，家中氣氛常處於「不犯錯就算表現好」的模式。他學會的語言使用是：不要明說、不要反駁、不要主張。久而久之，這變成他的語言預設。

這樣的語言模式進入職場後，會形成一種「表面中立，內心

第三章　說話與沉默都藏著心理劇本

退縮」的溝通型態。當面臨需要表達立場、面對衝突、處理模糊訊息時，尚恩會啟動自動化反應——模糊語句、延後回應、使用雙關敘述。

這類語言雖能短暫維持和諧，但長期下來會讓人際信任出現斷裂。因為對方始終無法確認他真實的立場與情緒，只能猜測其真意，久而久之，關係便流於形式。

語言，是你過去情緒模式的表現；但你能不能改變它，則取決於你現在是否願意重新定義你的語言功能。

沒練過的對話，往往先保護了自己，再傷害了關係

尚恩在一次部門誤會中被誤認為「不配合」，他雖感到委屈，卻還是只說：「可能我有哪裡沒處理好吧。」這句話原本是想平息氣氛，卻讓其他人覺得他在推託或冷處理。

他後來回顧這段溝通才驚覺：自己的語言總在保護「不被指責的自己」，但卻沒有真實地說出：「我當下不清楚流程變動，才會延遲處理，我不是故意拖延。」

當語言的首要功能是防禦，你就無法在關係中建立信任。因為人們想要的不是無害的回應，而是可預測的、真實的情緒回饋。

溝通若只是為了避免衝突、維持安全，那麼所有話語都會失去厚度，變成彼此間的一層透明隔閡。

第六節　沒有練過的溝通，永遠是自我防禦的反射：你說的話，是你防禦過的版本還是真正的自己？

溝通可以被訓練，語言可以重新編程

尚恩開始接受組織溝通教練輔導，進行語言覺察訓練。他練習在每一次會議中，事前寫下三件「我真正想表達的事」，並設定一句「我願意面對的冒險回應」。

例如：

- ◆ 想法：我覺得新的提案會讓行政流程更混亂
- ◆ 冒險句：「我擔心這樣的提案在執行層面會造成效率下降，我們是否能考慮更清晰的階段設計？」

這樣的回應並不激烈，但誠實且具建設性。他也學會用簡單句式強化自己的語言穩定度，例如：「我目前的觀察是……」、「我對這件事的想法是……」、「我的擔心來自……」。

這些語言訓練不是要他變成話多的人，而是讓他在說出話時，能清楚知道這句話不是為了避免，而是為了參與。

心理學家蘇珊・大衛（Susan David）在《情緒靈敏力》中強調：語言是我們與情緒之間最直接的橋梁。若你不改變語言，你就無法改變你對情緒的反應方式。

溝通不是本能，是選擇的練習結果

尚恩後來說：「我從來沒想過，我可以在不委屈自己的情況下，也讓別人聽懂我。」

當他學會用語言承接情緒、設定邊界、誠實說明自己的考量,他與同事之間的關係開始有了質變。他不再只是那個「穩定但模糊」的人,而是那個能夠在關鍵時刻說出「我怎麼看、我怎麼感受」的人。

沒練過的溝通,是為了自保;練過的溝通,才有機會真正打開理解、建立信任、促進合作。

你說的每句話,要嘛成為你的盾,要嘛成為你的橋。而那個選擇,不是你的天賦,而是你願不願意練習、反省、再說一次。

當你學會不讓語言只是本能,而是決策後的選擇,那麼你就不再只是會說話的人,而是成為一個真正能溝通的人。

第四章
你的行為不是自由，
是認知限制的產物

第四章　你的行為不是自由，是認知限制的產物

第一節　你以為的自由，其實是內建偏好：你選的不是選項，而是熟悉感

自由選擇，其實是一場自我複製

林祐廷是家電品牌的資深通路企劃，主管讚賞他穩定，客戶認為他可靠。每當遇到行銷策略需要選擇新路線時，他總習慣走回熟悉的方案。「我們過去這個版本效果就不錯，這次應該也能套用。」他說。

某次內部簡報中，他再次提出延續三年前成功活動的改版版本，卻被總經理當場打斷：「我們要的是突破，不是重播。」

祐廷當下雖沒說什麼，內心卻感到委屈。他心想：「我不是不願嘗試新方法，只是這招過去真的有效，為什麼要放掉？」

這樣的思考，看似理性，其實反映出一種深層心理現象：人們以為自己在做自由選擇，但大多數時候，只是在重複自己最熟悉、最有安全感的偏好模式。

選擇並非完全自主，而是深受過去經驗、心理安全需求與內建價值偏好影響。我們往往不自覺地為這些偏好辯護，把它當作「正確選項」，但那其實只是我們最不會讓自己焦慮的選項。

第一節　你以為的自由，其實是內建偏好：
你選的不是選項，而是熟悉感

偏好是經驗留下的習慣，而非思考過的選擇

心理學家丹尼爾‧康納曼（Daniel Kahneman）的「系統一與系統二」理論指出，人在面對選擇時，常以直覺系統（系統一）快速做出反應，而非啟動深度思考（系統二）。這意味著，我們多半依賴熟悉的判斷模式，而不是每次都經過理性思考。

祐廷之所以反覆選擇舊方案，不是他懶得創新，而是那條路他走過、成功過、能掌控。他知道會產出什麼，知道需要多少資源，知道客戶的反應。這種高可預測性本身就是一種心理偏好。

我們以為我們自由地選擇早餐、路線、職涯、關係，其實我們多半選擇的是最不會讓自己焦慮的版本。

例如：

- 你選擇「不要改簡報設計」，其實是怕主管臨時要求修改時措手不及
- 你選擇「延續舊合作廠商」，其實是怕新供應商需要重建信任機制
- 你選擇「回頭找前任」，可能不是因為對方多好，而是你太熟悉對方的缺點了，不用再冒未知風險

所謂的「自由」，很多時候，只是你和你過去熟悉模式的再次握手。

第四章　你的行為不是自由，是認知限制的產物

選擇的背後，其實是情緒的驅動

祐廷後來在一次人資培訓中學習到「情緒驅動選擇模型」，講師指出：選擇行為其實有三個核心驅動因素：焦慮逃避、掌控欲望與歸屬期待。

祐廷開始反思：他所謂的「這方案過去成功過」，其實背後隱含的是「這方案能讓我不焦慮」；所謂的「這樣執行比較穩」，其實是「這樣我比較能掌控風險」；所謂的「這樣客戶比較能接受」，其實是「我不想讓客戶覺得我不穩定」。

換言之，他並不是自由地評估過所有可能選項後做出最佳決策，而是用「避免被否定、避免出錯」為出發點做選擇。

我們每個人其實都在這樣的情境裡：

- 說話時選擇沉默，是怕說錯
- 行動時選擇延後，是怕被批評
- 決策時選擇重複，是怕被否定

這些選擇看起來合理，實際上是一套早已建立的情緒安全偏好系統。

改變選擇的前提，是察覺自己的內建模式

祐廷在導師的建議下開始練習一個策略：在每次做選擇時，先寫下三個問題的答案。

第一節　你以為的自由，其實是內建偏好：
　　　　你選的不是選項，而是熟悉感

這個練習如下：

一、我為什麼傾向這個選項？這個偏好是來自過去的成功，還是害怕未知？

二、這個選擇是否真的對應現在的問題，還是只是因為我比較熟悉？

三、如果我不選這個，我最怕的是什麼？這個恐懼有依據嗎？

這樣的練習讓他看見，自己的行為背後常有情緒暗流。他開始勇於選擇「比較不確定但可能更好」的提案，並且在實施過程中刻意記錄自己的焦慮點與應對方式。

當我們意識到自己的選擇來自哪些偏好、哪些情緒，我們才能開始重建真正有彈性的決策能力。否則，我們永遠只能在熟悉的舒適圈裡轉圈，而無法真正做出改變人生路徑的選擇。

真正的自由，是能選擇超越自己預設的版本

祐廷在一次策略會議上，主動提出一個完全跳脫以往風格的新活動路線，團隊一開始質疑聲四起，但他堅定地說：「這個方案對我來說也有風險，但我們不能因為熟悉就一直原地踏步。」

那天他第一次感受到，原來不是每個選擇都要完美，但每個誠實出於當下判斷的選擇，都能讓你更接近一個真實的自己。

自由不是你想做什麼就能做什麼，而是你知道你在什麼情

境下會想逃避,並仍能勇敢地踏出那一步。

當你開始質疑自己的偏好,挑戰自己的自動選擇,你才真正開始獲得行為的主導權。不是讓選擇替你安撫情緒,而是讓你自己去決定,這次要走哪一條真的對的路。

第二節　拖延是選擇性思考疲勞的結果：不是懶,是你的決策資源已經透支了

拖延不是不想做,而是不知道從哪裡開始

曾怡靜是一名創業第四年的品牌經營顧問,服務對象是新創電商品牌與個人創作者。她每天行程緊湊,處理團隊、客戶、內容、財務,步調快速,但有件事她總是一拖再拖——整理公司財報。明明知道這件事攸關年度報稅與公司發展計畫,她卻總在行事曆上一延再延,每次打開 Excel 五分鐘後就跳去做別的事。

她問自己:「為什麼我可以同時管十個客戶,卻連一份財報都處理不完?」

她一度以為自己只是討厭數字、抗拒無聊事務,直到她閱讀到一段心理學解釋:「拖延不是意志力不足,而是選擇疲勞（decision fatigue）導致的行為停滯。」

原來,她的拖延不是懶惰,而是心理資源分配的失衡與思考能量的枯竭。

第二節　拖延是選擇性思考疲勞的結果：
　　　　不是懶，是你的決策資源已經透支了

拖延，是大腦保護你不陷入「過負荷思考」

決策疲勞（decision fatigue）由心理學家羅伊・鮑邁斯特（Roy Baumeister）提出，指的是：人在一天中所做的決策越多，剩餘的認知資源越少，越容易對後續任務產生拖延、選擇迴避、甚至完全放棄。

怡靜每天面對客戶需求、內容設計、團隊溝通，做了無數決策。當她終於要面對財報時，大腦已無法再承擔一項需要高度聚焦與邏輯處理的任務。於是，它選擇保護自己——透過拖延，延後壓力。

這種現象也常發生在其他人身上：

◆　學生每天上課、練習、社交後回家無法開始寫作業
◆　上班族下班後想運動卻只想滑手機
◆　創作者在最後期限前總是拖到最後一刻才開始

這些不是不重視任務，而是認知能量被先前過度消耗後，大腦啟動「先休息」的自我保護反應。

拖延行為的背後，是一種「自我安撫結構」

很多人誤以為拖延是缺乏紀律，實際上，拖延行為常包含複雜的情緒機制與心理補償策略。

心理學家提摩西・A・派希爾（Tim Pychyl）研究指出，人們

第四章　你的行為不是自由，是認知限制的產物

不是在拖延任務，而是在拖延與任務相關的不舒服感受。

怡靜並不討厭財報本身，她討厭的是：「我要打開資料、回顧錯誤、面對不確定現金流、做出預測」的壓力感。她的大腦會透過以下語言自我安撫：

「我今天太忙了，明天處理會更清醒。」

「我現在心情不對，這種事不能硬做。」

「這不是急事，不如等一下靈感來了再動手。」

這些話看似合理，但其實是為了逃避內在焦慮而創造的語言假象。她不是沒空，而是不想承擔心理能量的負擔。

真正造成拖延的，不是任務難度，而是任務所帶來的「心理花費感太高」，讓人自動選擇暫停。

改變拖延，不是逼自己做完，而是降低任務的心理門檻

怡靜後來改變策略，她學習將任務拆解為「心理花費感較低」的段落，而不是完整執行。例如：

- ◆ 不是「整理財報」，而是「今天只分類一個月的收支」
- ◆ 不是「寫完整份簡報」，而是「先選三張代表圖片」
- ◆ 不是「運動一小時」，而是「先換好運動服」

這種策略叫作「啟動成本最小化」，讓你從心理上覺得事情

第二節　拖延是選擇性思考疲勞的結果：
　　　　不是懶，是你的決策資源已經透支了

可以開始，而不是一開始就必須完成。

她也建立一套「決策能量守護清單」，如下：

◆ 每日只安排三個真正需要深度思考的任務
◆ 在上午完成最難的事情（認知能量最充足）
◆ 每兩小時設計一段非數位短休息
◆ 晚上八點後不再做需要複雜選擇的任務

這些不是時間管理技巧，而是能量管理與心理節奏調整的策略。當你不是跟時間對抗，而是與自己合作，拖延就不再是無能為力，而是可以設計的節奏空間。

拖延其實是你對自己最誠實的訊號

怡靜在重新設計工作節奏後，依然會有偶爾想逃避的時刻，但她不再自責，而是學會提問：「我現在在逃避什麼？」、「我是在保護自己不面對焦慮，還是真的沒時間？」

她開始懂得用拖延行為反向理解自己的心理狀態：當她拖延越多，代表她的生活結構越缺乏彈性、決策節奏越失衡、情緒負擔越未被覺察。

拖延不是失敗的標誌，而是提醒你該重新設計生活與任務分配邏輯的信號。你不需要靠意志力硬撐，而是需要一套幫你啟動與維持行動的支持系統。

第四章　你的行為不是自由，是認知限制的產物

真正打敗拖延的，不是責罵自己夠不夠自律，而是看懂你內心真正在逃避什麼，然後用一種更溫柔、更務實的方法幫自己打開第一步。

因為你不是懶，你只是累。你不是不努力，而是你每天面對太多選擇與壓力，你需要的是一套減壓而非加壓的行動設計法。

第三節　決策障礙：
　　　　為什麼你總在等「最好時機」？

你不是在等機會，你是在延後承擔

廖思源是一位產品設計師，在業界資歷十年，手上有穩定接案，也常收到內部轉正與創業合夥的邀約。但每當問到「你什麼時候要做選擇」時，他總說：「我想再觀察一下。」這句話從三年前說到現在。他不是沒準備，也不是沒能力，而是總在等待一個「更好、更明確、更安全」的時機點。

直到某天他看到一則創業消息，是三年前找他一起合作的朋友，已將提案變成公司，拿下第一輪募資。他忽然陷入強烈的自責：「我明明也能做到，為什麼我那時沒有決定？」

這就是典型的決策拖延型人格：不做選擇不是因為沒選項，而是永遠在等待一個不存在的「最好時機」。這種等待，其實是一種心理延宕機制，目的是延後面對選擇後的責任與風險。

第三節　決策障礙：為什麼你總在等「最好時機」？

等待的背後，是不願承擔選擇後果的不安

心理學家貝瑞・施瓦茲（Barry Schwartz）提出「選擇悖論」概念，指出：選項越多，人反而越容易焦慮，因為每一個選擇都伴隨著潛在損失。越聰明、越有能力的人，越容易掉進這個陷阱。

思源不是不知道自己該行動，而是他害怕一旦選定某條路，另一條路可能會變成他此生最大的遺憾。他的邏輯是：「只要我還沒選，我就還有可能；一旦我選了，就會失去其他所有可能。」

這樣的心理模式，表面看來是理性分析，實則是一種恐懼導向的決策逃避。因為當人過度追求完美選擇，就會產生一種「選擇焦慮式拖延」，讓自己始終處於準備期，卻無法真正啟動行動。

他們會用這些話語包裝自己的不行動：

「時機還沒成熟。」

「現在還不夠好，等再進修一下。」

「市場不穩定，等穩一點我再出手。」

這些理由聽起來務實，但如果你從三年前就說一樣的話，那就不是判斷，而是慣性。

第四章　你的行為不是自由，是認知限制的產物

完美的時機，不會自己出現

美國作家亞當・格蘭特（Adam Grant）區分「先發者」與「猶豫者」的決策特質，前者傾向抓住機會立即試錯，後者則傾向等待環境訊號齊備再行動。然而研究指出，大多數成功行動來自「七成確定就啟動」的選擇行為，而不是等到百分百確認。

思源後來回顧，他在過去幾次猶豫中，其實早就蒐集了足夠資訊、擁有合理資源，只是內在那種「我還不夠」的聲音，讓他無法對自己說「可以開始了」。

這種聲音不是理性，而是來自心理深處的自我否定與安全需求。他不是在等資訊，而是在等一種「我能保證不會後悔」的情緒保證。但人生沒有這種保證。

他後來說：「我以為我是在避開風險，結果我錯過的才是最大的風險。」

真正的行動者，不是有萬全準備才行動，而是知道不可能萬全，也能接受錯誤後修正的節奏。

設計行動節奏，而不是等靈光乍現

思源後來接受一位創業導師的建議：「你不是缺少決定力，你只是沒有設計行動的節奏。」這句話讓他開始重新建立自己的「決策加速系統」。

他採用以下三步練習：

第三節　決策障礙：
為什麼你總在等「最好時機」？

一、限定準備期：不讓自己無限蒐集資料，設一個截止點後就進入行動階段。

二、小步啟動原則：把選項分為「小實驗」而非「一次賭注」，先測一點再修。

三、容錯預備句：允許自己說「這不是最終答案，而是第一版起點」。

這樣的設計讓他第一次把「等」變成「動」，即使只是開設一場小型線上課程試水溫，也讓他進入了真正的選擇過程，而不再只是幻想選項。

當我們不再等那個永遠不會來的「最好時機」，就會發現，選擇的力量從來不在於你等多久，而在於你願不願意給出一個起點。

做選擇的勇氣，不來自萬全準備，而是允許自己犯錯

思源最終決定與一位信任的夥伴合作開發商品線。他坦承：「我們什麼都還沒準備好，但我們決定先開始，然後邊做邊修。」

他說這句話時的語氣，不是堅定，而是輕鬆。那是一種從完美焦慮中解脫後的鬆動感。他不再用選擇來證明自己，只是單純願意向世界投出一個決定。

真正的選擇從來不是找到「最好」，而是你開始「行動以後，慢慢讓選擇變好」。你不需要確定一切，你只需要確定 —— 你

已經準備好承擔選擇之後的成長旅程。

因為每一次真正改變人生的決定，都不會等你百分百準備好，而是在你願意說出：「我知道還有風險，但我想試著開始了。」

第四節　行為背後的心理經濟學：你不是沒選擇，而是在交換效益中失去了自由感

每個選擇，其實都是一種心理交易

蕭立恩是一位電商行銷顧問，每天協助品牌主安排廣告預算、設計行銷漏斗，擅長從數據中找出「最高投資報酬率」的操作策略。然而，他在生活中卻經常陷入選擇困難。他會為了一雙運動鞋看了三天評論、猶豫要不要訂閱一個平臺帳號兩個禮拜，甚至為了週末要不要出門而感到焦慮。

有一次朋友問他：「你不是每天都在幫客戶做最划算的選擇，怎麼自己反而連選一杯咖啡都在掙扎？」他笑著說：「因為幫客戶決策，是別人的資源；但幫自己選，就覺得每一分每一秒都要負責任。」

這種現象在心理學中被稱為心理經濟學困境：我們每一個行為背後，都不只是單純的「想做什麼」，而是進行一連串關於時間、情緒、風險、滿足感的心理成本計算。

第四節　行為背後的心理經濟學：
你不是沒選擇，而是在交換效益中失去了自由感

行為的選擇，不是單一動作，而是一次「感覺划不划算」的無形交易。當心理交易過程過於複雜，就會導致行動停滯、決策拖延，甚至選後後悔。

決策不是為了做事，而是為了減少內在耗損

心理學家司馬賀（Herbert Simon）在提出「有限理性」概念時指出，人類不是追求最完美的選擇，而是傾向做出「足夠好、心理負擔最低」的選擇。這在日常生活中表現得極為明顯。

立恩不是無法決定，而是在面對太多看似相近的選項時，無法負荷心中那份「我有可能後悔」的成本。他會想：「如果我選了這個會不會錯過更好的？」這其實不是物理選擇，而是心理風險管理。

行為的背後，是一場「能量與焦慮的平衡計算」：

◆ 出門見朋友不是社交選擇，而是內心計算「這段互動會讓我耗能還是回血？」
◆ 報名一門課程不是學習選擇，而是「我如果沒堅持下去會不會內疚？」
◆ 延後一個案子不是拖延，而是「我怕現在開始會做不好，那乾脆再等等」

這些行為看起來像是自由選擇，其實每一個都在進行一場複雜的心理成本評估。

第四章　你的行為不是自由，是認知限制的產物

你以為的「不做」，其實也在付出代價

立恩曾經花兩週時間想是否要接受一個跨國平臺的合作案，最後在猶豫之間錯過了時機。事後他懊惱地說：「我沒有拒絕它，我只是還沒想好。」

但這樣的「還沒決定」，其實本身就是一種行為決策。

心理經濟學指出，人類行為的成本不只有支出，更包含機會成本與心理懸掛成本。你以為的不行動，是一種等待中的耗能；你不去處理一件事，是讓它在背景中持續占用你寶貴的心智資源。

立恩開始覺察，當他說「我還沒準備好要面對這件事」，其實那件事每天都在占據他的焦慮、他的注意力、甚至讓他對其他選擇無法集中思考。

真正高效的行動不是做得多，而是能在對的時間點清楚結束一個心理循環，收回自己的內在注意力資源。

當你感覺「划不來」，其實是心理價值與認知成本對不上

立恩曾對朋友說：「我不是沒時間，我是懷疑這件事值不值得我那段時間。」這句話非常貼近心理經濟學核心：人在做行為選擇時，會用自己的心理價值衡量系統去估算報酬是否高於成本。

第四節　行為背後的心理經濟學：
你不是沒選擇，而是在交換效益中失去了自由感

當你總說「我不想浪費時間」，那背後的邏輯是：「我怕我的投入不會有對等的滿足或成果。」

這就是行為選擇的核心障礙：心理價值期望過高、行為結果無法保證、認知風險過重。

為了處理這種矛盾感，立恩開始練習：

◈ 將任務分為「結果導向型」與「過程體驗型」，前者需要成果感，後者只要完成即可

◈ 為每項猶豫中的選擇寫下「我希望從中獲得什麼」、「我能接受最差會是什麼結果」

◈ 透過簡化計算系統，把「要不要做」改為「做這件事會讓我前進一點還是原地打轉？」

這些做法讓他能將心理交易變得透明、可辨識，也讓他更快速進入行動，而非卡在模糊的「好像應該做點什麼但又無從開始」。

真正聰明的行為策略，
是用心理效率而非完美報酬思維做選擇

立恩後來形容自己最大的轉變是：「我不再一直想要挑對，而是想清楚我能不能接受我所選的後果。」

當他從「選擇最好的」改為「選擇能推我前進的」，他的人生節奏變得輕盈。他開始相信，行為的價值不在於那是不是最佳解，

第四章　你的行為不是自由，是認知限制的產物

而是那是不是讓我維持行動感、選擇感、內在動力感的選擇。

行為的背後不是懶，是心理資源過載。不是你做不了，而是你每次選擇時都開啟了太複雜的內部交易系統。

你當然可以繼續精算每一步的報酬與代價，但如果你每次選擇都讓你失去行動的動能，那就是心理經濟崩盤的開始。

自由不是選最完美，而是選得動、做得下去、心裡不過度內耗。這才是真正讓你往前的選擇策略。

第五節　成本效應：為何你總捨不得放棄？你不是堅持，而是被心理帳本綁住了

不甘心放棄，不代表你還該繼續

馮志浩是一位連續創業者，五年前成立了一間結合健康飲食與運動規劃的生活品牌。初期熱度很高，募資超標完成，社群互動頻繁。但到了第三年，公司現金流開始緊縮，主力產品滯銷，行銷與技術成本逐年升高。他的合夥人與投資人建議轉型甚至退出，但志浩總是咬牙回應：「我們已經投入這麼多錢跟心血了，怎麼能現在就放棄？」

這種「已經投入太多不能放棄」的心態，是心理學中著名的沉沒成本謬誤（sunk cost fallacy）。當人們面對已經付出時間、金錢、努力甚至情感的事情時，即使理性判斷應該止損，也會

第五節　成本效應：為何你總捨不得放棄？
你不是堅持，而是被心理帳本綁住了

因為不甘心而繼續投入，結果往往是損失更大、壓力更重、難以抽身。

你以為你在堅持，其實你只是不想承認過去可能是錯的。

你不是不會放棄，而是心裡有一筆沒寫完的帳

沉沒成本效應的本質是心理帳戶的扭曲。在財務上，我們知道：已經投入的錢不該影響未來決策；但在心理上，我們卻無法將過去的努力與情感切割，總想「再撐一下」、「也許還有轉機」。

志浩不是不知道現狀危急，而是內心始終盤旋著幾個想法：

- 如果現在退出，是不是代表我前幾年的努力都白費了？
- 如果我再撐三個月，也許情勢會好轉？
- 我怎麼向支持我的人交代？

這些想法不是不合理，但都建構在一個錯誤的前提上：過去的投入有能力影響未來的產出。而事實是，當環境、需求與資源條件都已改變，過去的努力不但無法加分，還可能成為拖累你清晰判斷的包袱。

當我們用情感與自我認同來看待選擇時，就會讓理性的聲音失效。

第四章　你的行為不是自由，是認知限制的產物

你不是在計算可能性，而是在試圖償還虧欠感

志浩後來在與一位心理諮詢師對談中，才發現自己的真正痛點不是公司能不能救，而是他「放不下那個過去為夢想拼命的自己」。

他說：「如果我現在停下來，好像是在否定過去那個努力的我。」

這就是沉沒成本真正可怕的地方——它不是只關於資源，而是關於自我價值的延續性認定。你不是在做經營判斷，而是在為自我敘事找一個體面的結局。

這也解釋了為什麼很多人會：

- ◈ 捨不得離開一段感情，即使知道彼此早已消耗殆盡
- ◈ 不願轉職，即使每天都在工作裡痛苦與懷疑
- ◈ 不願結束一個無效的計畫，只因「已經投入這麼多了」

我們用繼續投入來合理化過去選擇，用延長時間來償還對自己的虧欠，結果卻是讓自己越陷越深、越來越難離開。

放棄不是失敗，而是承認現實已變

志浩最終決定暫停原本的營運模式，保留核心技術，與另一間新創團隊合併。他說：「我終於意識到，停止不是否定，而是我選擇不再繼續虧損。」

第五節　成本效應：為何你總捨不得放棄？
　　　　你不是堅持，而是被心理帳本綁住了

這個選擇的背後，是他學會了心理結帳。他開始這樣與自己對話：

「我已經做過我能做的，這段經歷不是白費，而是讓我更懂得什麼樣的選擇對我有效。」

「每一段投入都值得被尊重，但不代表我需要繼續投入。」

「與其留戀一個可能再也回不去的過去，不如把資源轉向下一個可控的未來。」

這樣的心態轉變，不只幫他解開沉沒成本的枷鎖，也讓他開始建立新的決策原則——當現實條件已經改變，就不要再用過去的邏輯維持行動。

真正的成熟，不是咬牙堅持，而是能勇敢承認：「這裡已不是我該繼續的位置。」

停止投入，不代表你輸了

志浩後來對一位創業新手說：「有時候最有勇氣的決定，就是你肯說『我不再往錯的方向努力了。』」

我們太習慣將堅持與成功綁在一起，卻忽略了：所有真正有效的堅持，背後都包含過一次或數次的放棄。

當你發現自己被某段投入綁住時，不妨問自己這三個問題：

◆　這個決定如果是從今天才開始，我還會選它嗎？

◆　我是否在為過去的錯誤買單，卻沒在考慮現在的現實？

第四章　你的行為不是自由，是認知限制的產物

◆ 我繼續下去，是因為我相信還有可能，還是我只是不甘心？

答案誠實地揭露了你的行動背後，是出於希望，還是只是出於執念。

你不是不能放棄，而是還沒允許自己放棄。當你放下「我一定要撐下去」的執念，你才會開始真正自由地選擇下一步。不是放棄，而是轉向；不是結束，而是重整資源。

真正的勝利者，不是從不退場的人，而是懂得什麼時候該改道的人。

第六節　怎麼打造讓你「一定會做」的行為場景：你不缺動力，你只是缺一個推得動的入口

問題不是你做不到，而是你進不去狀態

方筱芸是一位自由接案設計師，接過大型品牌、國際活動主視覺與音樂節形象包裝，是許多新銳創作者的榜樣。然而，她有一個私底下從不公開的困擾：她經常拖稿，而且是「明知道要做，但始終動不了」的那種。

她曾三度將某個主題設計展的企劃延後提交，每次理由不同：不是剛好有別的會議，就是靈感還沒成型。直到最後期限

第六節　怎麼打造讓你「一定會做」的行為場景：
你不缺動力，你只是缺一個推得動的入口

前兩天才一口氣熬夜完成。

她對朋友說：「我不是不想做，而是我一直進不去那個『可以開始』的狀態。」

這句話說中了許多人內心的痛點——我們不是沒有目標、沒有動力，而是我們沒有為自己設計出一個真正能「啟動行為」的場景。

所謂的「不做」，很多時候不是抗拒任務，而是環境沒有幫你打開那扇行動的大門。

行為不是靠意志力，而是靠場景引導

社會學家 B. J. Fogg 在行為設計模型中指出，行為的產生來自三個要素同時出現：動機、能力、觸發。簡單來說，就算你有意願，也做得來，但如果沒有「觸發點」，那個行為就不會開始。

筱芸曾試圖用「今天一定要開始畫」的念頭自我驅動，結果往往從早坐到晚，只是坐在電腦前焦慮、分心、滑手機。後來她改變策略：

她將工作環境拆成兩區：「靈感區」與「執行區」。靈感區是沒有螢幕的筆記桌，放滿過去案例與素材；執行區是只有軟體與耳機的工作桌。她規定自己早上只能在靈感區坐三十分鐘，不能開電腦，只能畫草圖、寫筆記。

這樣的環境分割與限制設計，讓她在不靠意志力的情況

第四章　你的行為不是自由，是認知限制的產物

下，自動進入工作模式。她發現：當你將行為的第一步拆得足夠小、足夠容易，就不需要「等到有動力」才能開始。

這不是自律，而是行為場景設計力。

打造行為場景的關鍵是「門檻設計」

多數人做不到一件事，並不是那件事本身困難，而是進入那件事的起點設計錯了。

行為科學指出，所有持續行為的養成，必須從降低啟動門檻開始。就像開車不是先考慮終點，而是先確認鑰匙放在哪。

筱芸將這個邏輯應用到日常任務上，她將待辦事項改為「入口動作」，例如：

◆ 「畫海報」變成「打開 Sketch 檔，選三種色票」
◆ 「寫企劃」變成「輸入第一行標題，寫一句引言」
◆ 「做預算表」變成「打開 Excel，填三筆已知資料」

這些「入口任務」的設計，有三個原則：

◆ 簡短（五分鐘內能做完）
◆ 無壓力（不要求成果）
◆ 具可見成果（完成後有實感）

她說：「我發現，我不是做不來，我只是沒設計一個我願意打開的起點。」

第六節　怎麼打造讓你「一定會做」的行為場景：
你不缺動力，你只是缺一個推得動的入口

當你習慣這樣安排行動，你會發現行為不再仰賴情緒，也不再綁架意志力，而是靠流程自然啟動。

「做得下去」的行為，來自「看得到進度」

另一個讓行為場景更容易持續的關鍵，是視覺化成果累積。心理學家特雷莎・阿馬比爾（Teresa Amabile）的研究顯示，人們在日常工作中最能產生動機的來源，不是獎勵，而是「看到自己有在進步」。

筱芸過去總是寫 To-do list，但她開始改為「Done list」與「Progress log」。她不再列出所有要做的事，而是每完成一小項，就立刻記錄一筆。即使只完成了 20% 的構圖，她也會寫下：「完成主視覺骨架第一版草圖，已修正配色兩輪。」

這種視覺化進展的方式，讓她心理上感覺「已在路上」，不再陷入那種「還有很多沒做」的壓迫感。

她也在手機上設計「小回報機制」：完成一個階段性任務就切換播放特定音樂、泡一杯咖啡、換個香氛，讓身體記憶與成果產生連結。

這些微小行為，逐步建立出讓人願意持續的行為正回饋循環。

第四章　你的行為不是自由，是認知限制的產物

行為改變的關鍵不是更努力，而是更會安排

筱芸現在在每個案子開始時，都會先安排三件事：

◈ 第一個五分鐘的入口任務

◈ 一個視覺化的進度板（無論是筆記牆或工作清單）

◈ 一個「完成即回饋」的身體或感官獎勵

她說：「現在我再也不用等靈感來了，而是讓自己先進入場景，靈感自然就會找上門。」

這不是天分，而是安排。不是靠精神力，而是靠環境配置。不是你要一直燃燒自己，而是要讓每一次行動都更輕盈、更容易。

真正能讓你「一定會做」的，不是靠喊話、責備自己、建立高壓 KPI，而是你是否願意為自己的大腦設計一個進得去、做得下去、出得來的場景空間。

你不是不努力，你只是該換一種方式進入努力。從調整場景開始，就是你奪回行為主控權的第一步。

第五章
情緒是你沒聽懂的內心訊號

第一節　情緒不是敵人，是未滿足的需求

情緒出現，不是干擾，而是提醒

許婉瑜是一名醫院裡的護理督導，工作資歷十五年，習慣扛責任、控場、帶新人，凡事講效率。但最近，她越來越常對小事動怒。有時是新人沒及時回報病患情況，有時是行政表單流程一改再改。她知道自己情緒太激動，也試著壓下來，但愈壓愈累。

某天下班後，她獨自坐在停車場裡，一句話都說不出來，只感覺心裡非常委屈。她說不清到底哪裡出了問題，只知道情緒像一個長期被忽略的聲音，終於喊到她聽見為止。

情緒從來不是我們的敵人，它的功能不是要破壞我們的理性，而是要提醒我們內在有未被處理的需求。情緒不是干擾，而是內在心理需求的外在顯現形式。

若我們只是壓抑情緒、忍耐情緒、忽略情緒，那它會以更強烈、更混亂、更突如其來的形式找上門。

情緒是「需求沒被看見」時的語言

心理學家馬歇爾・羅森堡在非暴力溝通理論中指出：情緒是需求未被滿足的訊號，而不是問題本身。例如：

◆ 憤怒，可能是對被忽略、被不公平對待的回應

第一節　情緒不是敵人，
　　　　是未滿足的需求

- ◆ 焦慮，是對安全感的需求未被滿足
- ◆ 忌妒，來自對價值或歸屬的渴望未被承接
- ◆ 沮喪，往往源自長期失去掌控感或被認可感

婉瑜的怒氣，其實不是針對新人的失誤，而是她內心的辛苦沒被看見、責任壓力沒被分擔。她期待團隊能自主承擔責任，但這份期待長期未被回應，最後轉化為表面的高壓情緒。

她不是天生脾氣差，而是她的努力被視為理所當然，需求卻從未被表達過。

我們之所以把情緒當成敵人，是因為我們沒學過如何正確理解情緒的來源與功能。而一旦我們能解讀出情緒背後的需求，情緒就會轉化為自我理解與行動的引導力。

壓抑情緒，只會讓需求變得更混亂

婉瑜曾告訴自己：「忍一下就過去了，不值得為這種小事生氣。」這句話聽起來成熟，實則是將未處理的需求埋入更深的層次。

心理學家丹尼爾·高曼在情緒智力理論中指出：當情緒無法被辨識與表達，大腦會啟動替代性反應路徑，可能導致身體症狀（如頭痛、失眠、肌肉緊繃），也可能造成情緒炸裂式的行為（例如不合比例的暴怒、哭泣、冷戰）。

她後來在一次與資深心理師的對談中說：「我其實不是要罵

115

第五章　情緒是你沒聽懂的內心訊號

人,我只是很想有人告訴我,我做得很好、很辛苦。」

這句話才是她真正的情緒核心。她的怒氣,不是情緒失控,而是她內心的努力與脆弱找不到出口。

壓抑情緒,是短期穩定,但長期來看,它會削弱一個人與自己需求之間的連結感。而這,才是讓人逐漸耗竭的真正原因。

理解情緒,才能開始照顧需求

當婉瑜開始練習寫下「今天讓我不舒服的三件事」,並試著問自己:「我在那個當下,其實希望的是什麼?」她發現,自己真正想要的,並不是別人完美表現,而是:

- ◈ 被尊重(而不是被視為什麼都能扛)
- ◈ 被理解(有人願意聽她說出心情)
- ◈ 被支持(知道不是只有她一個人努力)

她開始在團隊會議中不只談 SOP,而是增加了「工作回饋環節」,邀請同事分享本週的感謝與困難。她也開始練習在情緒升起時不立刻壓下,而是說:「我覺得我現在有一點累,我想晚點再談這件事。」

這樣的自我保護與情緒覺察,不只幫助她建立團隊信任,也讓她重新找回情緒作為資源的力量。

當你願意理解情緒,你就能重新找回行動方向,也能讓人際關係變得更穩固、更透明。

第二節　憤怒是邊界被侵犯的警報器：
　　　　你不是脾氣壞，而是界線不夠清楚

情緒不是障礙，而是讓你成為真實自己的入口

婉瑜現在依然是那位嚴謹的護理督導，但她不再以「壓下情緒」為榮，而是以「看見自己需求」為原則。她說：「我不是因為不生氣才是好主管，而是我知道怎麼從情緒裡找到我真正想要的。」

真正成熟的情緒管理，不是你不再有情緒，而是你能從情緒中提取訊息，然後轉化為清晰的行動與界線。

你可以生氣、失落、害怕、焦躁——因為那些都是真實的你。

但你不需要讓這些情緒變成阻礙，而是讓它們成為你照顧自己、看見自己、重新前進的開始。

情緒不是你要壓下去的東西，而是你要學會傾聽的聲音。它們從來就不是你的敵人，而是你一直沒好好對話的內在朋友。

第二節　憤怒是邊界被侵犯的警報器：
　　　　你不是脾氣壞，而是界線不夠清楚

憤怒不是壞情緒，而是邊界的自我捍衛反應

黃凱哲是一位影像剪輯師，工作態度嚴謹、技術熟練，是公司裡不可或缺的關鍵人才。但近半年來，他越來越常在團隊

第五章　情緒是你沒聽懂的內心訊號

中表現出不耐煩與易怒。當同事反覆修改需求,他會語氣激烈地回應:「你到底想怎樣?先講清楚行不行?」這樣的情緒反應讓主管開始質疑他的穩定性,甚至有意將他轉往後勤支援線。

凱哲內心卻是滿腹委屈:「明明是我一直配合大家,是他們要求太多、邏輯不清,為什麼最後像是我有問題?」

這就是憤怒的核心誤解——多數人以為憤怒是失控,其實它是當個人界線被無聲侵犯時,內在系統發出的高分貝警報。

你不是沒道理地生氣,而是你一直在默默忍讓、壓縮空間、配合別人,直到你的界線快撐不住了。

當你習慣好好說話,最後就會用情緒說出底線

心理學家哈里特・勒納(Harriet Lerner)在其著作中指出:「憤怒是界線感知系統的一部分,當你的界線被踩到,情緒會自動升溫,提醒你該做出行動了。」

凱哲就是這樣的例子。他從不拒絕同事臨時改稿,總是配合熬夜修改,也總在第一時間協助補位。但這些行為的代價,是他從來沒說出口的壓力與疲憊感。

他曾告訴自己:「對方也不容易,我幫他一點沒關係。」但當這種「幫忙」變成「理所當然」,他開始覺得不被尊重、不被體諒。於是情緒便接手語言,用憤怒來宣示:「我已經被壓過頭了!」

我們越是不表達界線,越容易讓憤怒成為我們唯一能發聲

第二節　憤怒是邊界被侵犯的警報器：
　　　　你不是脾氣壞，而是界線不夠清楚

的方式。而這樣的發聲，往往來得突然、劇烈，讓他人無法理解，最後反而讓自己成為衝突的導火線。

真正的問題不是你太敏感，而是你的界線不明確

凱哲後來在一次心理教練課中練習了「情緒地圖法」：記錄自己一週內情緒升起的時刻，並寫下「當下是誰讓我不舒服？我希望發生的是什麼？」

結果他發現自己最常出現情緒的不是大衝突，而是一連串小摩擦──如被未經告知的任務變更、被要求立刻完成臨時需求、會議時間延後卻被認為理所當然。他不是玻璃心，而是界線模糊讓他成了大家的緩衝地帶。

他開始練習表達具體界線，例如：

「臨時加班我可以接受，但希望至少提前一小時告知。」

「修改稿我會處理，但麻煩整理需求一次給我，不要分段傳。」

「這次我無法支援，希望你找另一位同事試試。」

這樣的說法讓他一開始很不自在，覺得「好像不夠配合」，但幾次之後他發現，說清楚界線反而讓大家更尊重他，也更願意與他合作。

當你學會清楚界定「我可以接受什麼、不能接受什麼」，你的情緒就不需要在最後關頭爆炸，而能在過程中穩定地表達。

第五章　情緒是你沒聽懂的內心訊號

憤怒是一種行動能量，但不能變成攻擊反應

心理學家保羅・艾克曼將憤怒視為一種「強化行動傾向的情緒」，本質上是為了讓你做出改變，而非為了傷害他人。但若這股能量不被適當引導，便會轉化為攻擊性語言或報復性反應。

凱哲曾因為同事臨時請他改檔沒說明清楚，當場摔筆說：「你要改就說，不要拖到最後一刻來丟東西給我！」這樣的反應讓對方愣住，也讓原本可以對話的空間直接關閉。

他後來學會在憤怒升起時，不立刻回應，而是對自己說：「我現在需要冷靜，五分鐘後再處理這個問題。」

他學會使用「憤怒延遲策略」，在情緒尖峰過後再用以下三句進行溝通：

「我剛才有點情緒，不是針對你，但我希望這種狀況可以怎麼改進。」

「我不是不願意幫，但我希望下次的說明能更清楚。」

「我願意配合，但也希望時間安排能顧及我的作業流程。」

這些語言不是壓抑情緒，而是讓情緒有節奏、有邏輯、有尊嚴地被表達。

憤怒不是錯，它只是你太久沒替自己說話

凱哲後來在團隊裡建立了「情緒早回報」機制，每週分享「這週我在哪個環節感到壓力」與「我希望團隊怎麼支援我」。這

樣的機制降低了誤解與爆炸式情緒發生，也讓團隊文化更有彈性與互信。

他說：「我不是變得沒脾氣，而是我願意在還沒爆炸之前，先用清楚的語言守住我的位置。」

這就是成熟的憤怒處理方式：不把怒氣壓下，也不讓怒氣炸出，而是在對的時間點，用憤怒所提醒的需求，重新定義自己的界線。

情緒從來就不該壓抑，尤其是憤怒。它不是你錯了，而是你太久沒為自己說話。

當你學會把怒氣轉譯成界線語言，你就不再是情緒的俘虜，而是成為一個能為自己負責，也能與人連結的成熟溝通者。

第三節　焦慮是對未來不確定的心理空白：當你看不到出口，身體就開始響起警鈴

焦慮不是想太多，而是想不到答案

曾靖雅是一位正要升遷的資深行銷主管，帶領一支八人團隊，績效穩定、職場表現亮眼。然而，她最近經常莫名心悸、失眠、在電腦前坐不到十五分鐘就想逃離。即使所有報表都顯示一切運作正常，她仍感到持續不安。

第五章　情緒是你沒聽懂的內心訊號

她說：「我明明沒有遇到任何實際危機，卻總覺得有什麼要出錯。」

這正是焦慮的經典樣態——不是具體的問題讓你恐懼，而是對未知結果的無法掌控，讓你停不下來地模擬風險。

心理學家大衛・巴洛（David Barlow）將焦慮定義為：「當個體對未來威脅產生認知與情緒上的預期反應，但又缺乏實質處理策略時所出現的情緒狀態。」換句話說，焦慮的根源，不在於事件，而在於對未來的不確定感。

靖雅不是過度反應，她只是進入了一種「沒有出口的未來模擬模式」，讓她的大腦不斷發送警報。

焦慮的核心是缺乏控制感

在一次內部組織調整後，靖雅雖被告知將有升遷機會，但對於新職位內容、同事組成、績效衡量標準都沒有明確說明。這種模糊狀態，讓她進入高強度的自我監控狀態——她不斷檢查簡報、反覆修稿、甚至開始懷疑自己是不是「太急了」。

這不是神經質，而是「控制點失衡」（locus of control disruption）：當我們面對重要情境，但卻無法預測或主導結果時，就會產生焦慮。

她的焦慮不是怕失敗，而是怕「無從判斷該怎麼做才是對的」。這種缺乏依據的狀態，讓她的大腦無法建立安全感。

第三節　焦慮是對未來不確定的心理空白：
　　　　當你看不到出口，身體就開始響起警鈴

我們的身體會將「沒有路線圖的未來」解讀為威脅，因此產生心理與生理的警訊系統。這就是為什麼焦慮會帶來心悸、肌肉緊繃、呼吸短促、注意力渙散——因為你的身體正在為尚未發生的危機進行準備。

焦慮是要你行動，不是讓你瘋狂

靖雅在一次身心整合課程中學到一個技巧：將自己的焦慮具象化，問自己：「我現在擔心的是什麼？這件事是可控、可影響，還是完全不可控？」

她列出焦慮來源如下：

◈ 升遷後會不會跟新主管合不來？（不可控）
◈ 團隊成員會不會不服我？（可影響）
◈ 我的提案是否夠好？（可控）

當她將焦慮拆解後，她發現，自己把大部分的能量浪費在無法控制的模擬上，卻沒有集中在真正可以做的事上。

這項練習讓她明白：焦慮的情緒來自「我無法全盤掌握」的恐懼，但真正的行動力來自「我能從哪裡開始」。

焦慮的本質不是錯，而是一種心理上的「請求行動信號」。但如果我們不學會解碼，只會任由它擴大，最後淹沒思考與效率。

穩定焦慮的關鍵是「重建可預測性」

靖雅開始建立「微穩定日程」來回應焦慮：

- 每天上午固定處理最複雜任務，讓自己在最清醒的狀態建立掌控感
- 每週安排一次「無預期時間段」，允許自己不安排任何事，用來觀察內在狀態
- 在每個大型決策前，先列出「我知道的事」與「我不知道的事」，將模糊明確化

這些做法不是為了讓焦慮消失，而是讓她重新掌握自己能控制的部分。心理學研究指出：當人重新建立對時間、資訊與回應策略的可預測性，就能有效降低焦慮感。

焦慮從來不怕模糊，它怕的是「持續不處理的模糊」。一旦你能釐清，焦慮就會從混亂變成策略規劃的起點。

真正能讓你穩定的，
不是沒有焦慮，而是能聽懂它的訊息

靖雅現在仍會焦慮，尤其在面對跨部門提案或未知主管回饋時。但她已經不再被焦慮拉走，而是能對自己說：「我知道我現在只是因為沒看到全部，所以心裡在找答案。」

她學會將焦慮視為一封來自未來的信：「你現在還沒有地圖，請先搭一座橋。」她不再排斥焦慮，而是透過它來釐清自己真正在乎的是什麼。

焦慮不是壞情緒，它只是希望你看清楚：「你想穩定，但你還沒準備好承擔所有變數。」

它不是要你逃，而是要你開始建構心理的支撐點。

當你學會與焦慮共處，而不是對抗它，那你就不再是恐懼的受困者，而是能為自己開路的內在建築者。

第四節　忌妒是渴望的錯位呈現：
　　　　你羨慕的，其實是你沒承認的渴望

你不是討厭他，而是不敢面對自己想要什麼

劉郁婷是一名資深人資主管，總被形容為冷靜、理性、客觀，對人事判斷公正而準確。但最近她陷入了一種說不出口的情緒：她發現自己越來越無法心平氣和地看著同事琪琪──一位剛升任部門副理、年紀比她小五歲的同事。

郁婷覺得琪琪表現其實也就中規中矩，但公司高層總是特別關注她、頻繁給她舞臺，還讚賞她「有領導潛力、視野開闊」。她心裡冒出一句：「這不公平，她到底做了什麼？」

這樣的情緒讓她困惑與羞愧，因為她從不認為自己是一個會「忌妒別人」的人。直到某天，她與心理教練對話時，對方只問了一句：「妳希望妳也有那樣的舞臺嗎？」

她愣住了。她突然意識到，自己不是討厭那個人，而是那個人剛好得到了她也想要，卻一直沒有承認的東西。

忌妒，不是關於對方有什麼，而是你內心深處覺得自己應該也可以有，但卻還沒有的那部分渴望。

忌妒不是低劣情緒，是未被承認的內在願望

心理學家梅蘭妮·克萊恩（Melanie Klein）在早期精神分析中指出，忌妒是一種最原始的情緒之一，它來自於人對「自己沒擁有，卻看到他人擁有」的刺激所產生的不平衡感。這種不平衡感，會轉化成負面解讀、自我否定，甚至是貶低對方的心理防衛反應。

郁婷不是天生小心眼，而是她壓抑了自己對「被肯定、被賞識、被給予更高責任感」的渴望。這份渴望沒有出口，卻在她看到別人得到了時，被放大了。

忌妒之所以會造成痛苦，是因為它同時激發出兩種衝突情緒：

- ◆ 我也想要（渴望）
- ◆ 但我卻沒有（匱乏）

第四節　忌妒是渴望的錯位呈現：
你羨慕的，其實是你沒承認的渴望

這種衝突，讓人不自覺地想找出理由說服自己：「她一定是運氣好」、「主管偏心」、「這不是真的重要」——這些語言不是評價別人，而是用來保護自己不面對內在渴望落空的失落感。

你忌妒的，不是那個人，
而是他觸動了你未完成的企圖心

郁婷後來開始做一個自我檢測練習，每當她感受到類似忌妒的情緒，就問自己三個問題：

◆ 我看到他／她得到了什麼？
◆ 那件事對我來說重要嗎？
◆ 如果我也想要，我做了什麼？或者我一直不敢做什麼？

她發現，自己其實也渴望站上更高的位置，也渴望被看見。但她多年來一直選擇「穩健、低調、別惹事」的風格，總覺得好表現自然會被注意。但現實是，組織運作需要主動提案、主動表達、主動占據舞臺，而這正是她沒練習的部分。

她忌妒的不是琪琪，而是琪琪勇敢地做了她從來沒有勇氣做的事。

當你能夠看清楚你「羨慕誰、為什麼不甘心」，你就開始有機會從忌妒中提煉出行動線索，而不是繼續困在批評或自我懷疑裡。

第五章　情緒是你沒聽懂的內心訊號

忌妒能引導你看見下一個行動方向

心理學家蘇珊·大衛在《情緒靈敏力》中提到，情緒之所以有價值，是因為它指引你要重視什麼。忌妒情緒也是如此——它指引你內在有哪些尚未實現的動力、未被滋養的潛力。

郁婷開始有意識地設計下一步的行動。她主動提出跨部門合作提案、爭取年度講者機會，並學習如何讓自己的成果更容易被看見。她說：「我不再批評別人擅長什麼，我開始練習讓自己變成那種人。」

她也學會從別人的成就中找參考，不再是「她憑什麼」，而是「她做對了哪些我還沒做的事？」

這樣的轉念，讓她從被情緒綁架的旁觀者，變成主動改變自己命運的參與者。

忌妒，是你可以使用的情緒訊號，
而不是必須壓抑的羞恥感

郁婷最後這樣說：「我還是會羨慕別人，但我不再討厭這個感覺了。它其實是我心裡在提醒我：你還沒放棄那個更大的自己。」

我們不需要為自己的忌妒感到羞愧，真正該做的，是學會從這個情緒中提煉出你真正渴望的是什麼，然後開始往那裡走。

第五節　低潮期是潛意識的調整期：
你以為什麼都沒做，其實你的內在正在重組

忌妒不是情緒的失控，而是企圖心被關太久後的翻身。

它不是讓你與人為敵，而是提醒你：你其實還有想變得更好的渴望。

你可以讓忌妒成為抱怨的藉口，也可以讓它變成行動的燃料。

你選擇怎麼使用它，決定你是情緒的奴隸，還是渴望的創造者。

第五節　低潮期是潛意識的調整期：你以為什麼都沒做，其實你的內在正在重組

當你覺得什麼都沒進展，其實你正在沉澱

趙祐安是一名獨立音樂製作人，過去五年創作不斷，入圍過獎項、巡演過十座城市，創作能量從不間斷。但某年初開始，他陷入一種無聲的停滯。他每天還是早起、打開編曲軟體、彈琴，但一個音都寫不出來。他形容自己像一臺還開著但無法輸出的機器。

朋友安慰他：「可能只是太累，休息一下吧。」但祐安焦慮地說：「我不是累，我是空，我覺得自己快要失去創作能力了。」

這種感覺就是典型的心理低潮期。它不是懶惰、不是放

棄,更不是能力退化,而是潛意識正在進行一次深層結構的調整,只是外在還看不出來。

低潮期的可怕,在於它表面看起來「什麼都沒發生」,但內在卻是你人生中最關鍵的轉換時刻之一。

潛意識會在你停下時,啟動重建機制

心理學家榮格指出:「潛意識不是你不努力的地方,而是你真實自我等待被整合的空間。」

當你持續高效運作、面對外界需求、推進任務時,其實你的內在很多議題是被壓抑或擱置的。低潮期出現的時候,正是潛意識開始整理、回放、重組的時候。

祐安開始做夢,夢到自己回到學生時代、與父親爭吵、失去比賽機會。這些看似毫無關聯的片段,實際上是他內心長期未處理的自我認同議題開始浮現。

潛意識知道他已經進入下一個階段,但意識尚未準備好承接新的方向與身分,於是便透過低潮期這段「表面靜止、內部動盪」的時期,進行心理同步。

這不是你不努力,而是你正在從過去走出,等待一個新的自我形狀成型。

第五節　低潮期是潛意識的調整期：
你以為什麼都沒做，其實你的內在正在重組

低潮的焦慮，來自你想用舊節奏處理新人生

祐安在過去的創作模式中，習慣以快速輸出與外部回饋驅動自己。他熟悉在目標、活動、合作中尋找存在感，但這次的停滯卻讓他所有熟悉的驅動方式都失效了。

他開始覺得：「我是不是過氣了？我是不是沒用了？」但實際上，他不是沒能力，而是他需要一種全新的創作定位與內在動力系統。

美國作家威廉・布里奇斯（William Bridges）提出「過渡理論」，說明人在經歷重大變化時會經歷三個階段：結束、混沌、再出發。低潮期正是混沌階段，舊的自我結構已逐漸鬆動，新的形象尚未建立，人在這段期間最容易懷疑自己、否定價值。

而你越是想用舊節奏逼自己快一點「恢復」，就越可能壓垮那個正在蛻變的自己。

如何陪伴自己走過內在的混沌階段

祐安在創作停滯的那段時間，學會做一件事：不評價自己。

他開始寫「無目的日記」，只記錄當天心情與身體反應，不分析、不計分。他也開始重聽自己早年的作品，不是為了找靈感，而是重新理解那時候的自己在想什麼。他去上聲音治療課、參加攝影工作坊，讓自己遠離主業，回到「只是感受」的狀態。

這些看似「不努力」的活動，實則是在幫助潛意識蒐集素材、鬆動限制、重新連結情感。他不再以產出衡量價值，而是開始用「我是否願意再次靠近自己」來判斷每一天的意義。

低潮期的陪伴不是加速，而是允許自己慢下來、亂一點、暫時失序。這樣你才能在不知不覺中，讓新的自己有空間長出來。

每個低潮期，都是一次心理升級的過渡站

祐安在八個月後完成了一張實驗性質極高的概念專輯。他說：「這是我第一次不是為了市場寫歌，而是為了自己對創作的理解寫下這些聲音。」

他不再焦慮產出速度，也不再比較自己與過去的自己。他知道，那段什麼都寫不出來的時期，不是他失去了靈感，而是靈感正在轉彎。

低潮期不是你卡住了，而是你內在正在換檔。不是你停了，而是你在準備升級。

如果你現在正處於一段迷茫、無力、懷疑自己的時期，請不要倉促定義它為「失敗」。也許這正是你人生中最深刻、最誠實的重建期。

在那段看似無用的空白裡，你其實正在成為更貼近自己、更自由也更成熟的樣子。

第六節　真正成熟的情緒管理，
　　　　不是不爆炸，而是懂得選擇時間點

情緒不是不能有，而是不能亂放

陳柏鈞是一位企業培訓講師，擅長公開演說、激勵人心，也常在社群上分享職場溝通技巧與領導心法。但某次在合作公司內部的高階主管簡報中，他遇到一位態度傲慢、質疑不斷的部門經理，當場指責他「這些都是講師話術，實務沒用」，當下柏鈞臉色發白，講稿失序。

雖然他當場沒有回擊，結束後卻在休息室狠狠砸了自己的水瓶。他說：「我不是不能接受反對意見，我是不接受那種羞辱式的語氣。」

這件事讓他陷入反覆懊悔，懷疑自己的專業價值，並質疑自己是否情緒控管失當。他一度認為：「情緒太強的人不適合做領導工作。」

直到某位心理顧問對他說：「真正成熟的情緒管理，不是你都不生氣，而是你知道哪裡該說、什麼時候說、用什麼方式說出來。」

情緒不是錯，而是你如何使用它才是關鍵。

第五章　情緒是你沒聽懂的內心訊號

壓抑情緒不是控制，而是延後爆炸

在許多人的觀念裡，「成熟」往往被誤解為「不動情緒、不說重話、面對一切都微笑」。但這種標準往往只會養成壓抑型人格，表面穩定，內心累積；外在冷靜，內在煮沸。

柏鈞多年來也以為，作為培訓師就應該「收好自己」，不讓情緒露出。但這讓他長期處於自我監控狀態，每次課程結束後都感到疲憊與空虛。

心理學家麗莎・費爾德曼・巴雷特（Lisa Feldman Barrett）指出，情緒不是要被鎖住，而是要被解碼。當我們只追求「不表現出來」，其實等於把原本可轉化的能量封存成更深層的壓力因子，最終可能以爆炸式的形式出現──如過度反應、無預警地憂鬱、身體症狀等。

控制情緒不是隱藏它，而是給它一個合適的出口與時機。

成熟的情緒管理，是能為自己選擇場景和節奏

柏鈞開始重新設計自己的情緒回應流程。他不再逼自己在當下壓抑情緒，而是給自己一個緩衝練習：「不是不回應，而是晚一點回應；不是不生氣，而是晚一點說出來。」

他設計了一套三步驟：

一、當情緒來時，先描述身體感受，不評價事件（例如：「我現在胸口緊、呼吸急。」）

第六節　真正成熟的情緒管理，不是不爆炸，而是懂得選擇時間點

二、問自己：「我現在最需要的是反擊、退場、還是冷靜觀察？」

三、設定回應時間：「我今天不討論這件事，明天早上寫信處理。」

這套流程讓他從「情緒反射型說話」變成「情緒覺察後再出手」。他的語言變得更清楚，語氣更穩定，回應更有分寸。他發現：當你能延後一點點時間，情緒會少掉一半衝動，多出一倍清明。

成熟不是把憤怒清除掉，而是讓它找到對的時間與方式釋出。

為情緒選擇一個能被理解的出口

情緒如果要傳遞意義，就要能被理解；而要能被理解，就必須用合適的語言與情境表達。

柏鈞後來選擇不再忍耐那些讓他不舒服的會議方式。他會在會後主動寄出一封冷靜但堅定的信件，寫下：「我願意討論內容爭議，但希望我們都能在不攻擊對方立場的前提下對話。」他說這樣的書寫方式讓他重新掌握主導權，也讓對方更容易理解他情緒背後的立場與需求。

這不是偽裝，而是選擇：在最能讓你被聽懂的時刻與方式，說出真正的情緒。

第五章　情緒是你沒聽懂的內心訊號

當你願意為情緒選擇一個能落地的出口，它就不會傷害你，也不會傷害關係。它會成為一種溫和但堅定的提醒，讓你與他人都能調整互動節奏。

情緒，是一種可以練習出精準與尊嚴的能力

柏鈞現在對學生講授情緒力時，常說：「真正有力量的人不是不會生氣，而是能讓自己的情緒成為一種有品質的表達。」

這種品質來自覺察、來自節奏、來自空間設計。他仍然會在課程中遇到衝突，也會在被誤解時感到委屈。但他不急著回擊，也不選擇吞下。他選擇在有餘裕、有條理、有回應意願的時刻，把情緒轉成溝通。

這樣的能力不是一夜生成，而是一場長期練習的結果。它讓情緒不再是壓力的製造者，而是關係修復的開關、自我理解的鏡子、個人價值的守門人。

真正成熟的情緒管理，不是你從此不爆炸，而是你知道：你可以選擇，什麼時候讓自己站出來，什麼時候先讓情緒坐下來。

你不需要成為一個「永遠不生氣」的人，你只要成為一個「知道怎麼在對的時間，用對的方式，為自己說話」的人。

第六章
你在關係裡的樣子，就是你給人的心理帳單

第六章　你在關係裡的樣子，就是你給人的心理帳單

第一節　為什麼你總覺得「都是我在付出」？
你在關係裡的焦慮，
其實是沒被對等看待的痕跡

當你開始計算誰付出的多，
　　其實你已經覺得失衡了

　　鄧曉彤是一位小型設計公司的專案總監，對工作投入、對朋友慷慨，是那種不計較時間、不怕麻煩、不吝嗇協助的人。但她內心總有一種難以言說的疲憊感，尤其在人際關係中——無論是同事、伴侶還是閨蜜，她經常在心裡問自己：「為什麼每次都是我在撐？」

　　她不是要獎賞，也不是求回報，但心裡始終存在一種隱約的不平感。某次朋友臨時放她鴿子，她禮貌地說「沒關係」，卻在回家路上默默流淚。她知道那不是為這一次生氣，而是長期下來的積累：她總覺得，自己為關係付出很多，但別人似乎沒那麼在意。

　　這種感受，其實不是偶然，而是源自於一種心理帳戶失衡的內在體驗。

　　當你開始覺得「都是我在做」，其實你真正想說的是：「我希望你也把我看得跟我看你一樣重要。」

第一節　為什麼你總覺得「都是我在付出」？
你在關係裡的焦慮，其實是沒被對等看待的痕跡

關係中的心理帳戶，
是一筆你自己開、卻沒人記得的帳

心理學家約翰・蒂伯（John Thibaut）與哈羅德・凱利（Harold Kelley）的社會交換理論指出：人在關係中會不自覺進行一種「成本－報酬」的內在運算。這不是現實的金錢往來，而是「我為你做了多少」和「我從你那得到多少」的心理計算。

但這筆帳常常是隱性的：你主動關心、默默支援、體貼退讓，從沒說出口、也沒明確標示。但你的心裡其實有一份「預期對方會懂」的期待。

問題是，對方沒有你的這本帳。

你覺得你幫他撐過情緒，他應該回報理解；你為關係多付出時間，他應該主動問候你。但如果你沒讓對方知道「這些對你而言有價值」，那麼對方也很可能誤會這只是你個人的風格，而非你在意的部分。

於是，你的心理帳戶一天天在扣分，而對方卻一無所知。

當你覺得失衡時，不是因為你真的付出太多，而是你從沒確認過，對方是否知道你正在付出。

你不是沒被珍惜，
而是你從沒設定彼此的對等期待

曉彤在與伴侶的一次深夜爭執中終於說出：「我不是要你為我做什麼，我只是希望你能在我累的時候說一句『你很棒』。」

這句話讓對方沉默了。他一直以為曉彤不需要鼓勵、不需要照顧，因為她總是那麼獨立、什麼都能扛。但其實，她不是不需要，只是她不敢表達需求。

很多「總是在付出」的人，內心深處有一種信念：「我被需要，所以我有價值。」這讓他們在關係中習慣先給出、先主動、先承擔，卻也在潛意識裡默默希望：「我這麼努力，總有一天你會回應我。」

這種關係模式的問題不在於給得多，而在於從未設立清楚的期待與回應機制。

真正的對等關係，不是「你也要做我做的事」，而是「我們能不能互相看見彼此需要什麼，並願意補位或給予？」

當你學會設立界線、表達期待，你才有機會讓關係從「單方面投入」轉變成「雙向互動」。

真誠表達自己的付出感，是關係修復的開始

曉彤後來練習用「關係回饋會議」的方式與身邊親密關係對話。她不再隱忍，也不責備，而是說出自己的內在狀態：

第一節　為什麼你總覺得「都是我在付出」？
　　你在關係裡的焦慮，其實是沒被對等看待的痕跡

「我最近覺得有點疲憊，因為我發現我們的對話裡，常常是我在主動維繫。」

「我不是生氣，而是想讓你知道，我其實也希望有時候能被主動關心。」

「你可不可以告訴我，你是怎麼看我們之間的互動節奏？」

這樣的對話起初讓她覺得彆扭，甚至害怕對方說「我沒感覺你做了那麼多」。但當她真正說出來之後，她發現關係開始出現變化——有些人選擇更靠近她，有些人則逐漸遠離。

她學會接受：真正的關係不是靠付出來維繫的，而是靠理解與回應持續建構的。

當你願意說出來，
你的付出才會變得有力量

曉彤現在依然是一位溫柔而可靠的工作夥伴與朋友，但她不再讓自己被困在「默默做，默默累」的循環裡。她說：「我學會把我的在意說清楚，也學會不再為了留住一段關係，而犧牲我自己。」

「都是我在付出」這句話，其實不是責怪對方，而是你心裡有一個尚未被回應的需求——你希望被平等對待、被理解、被看見。

當你願意說出這份在意，你的情緒會開始轉化，你的關係

會開始重組。不是所有人都能回應你，但你會開始知道，誰真的願意走進一段有回饋、有互動、有信任的關係裡。

你不必停止付出，但你值得一段不讓你總是孤軍奮戰的關係。你也不需要再用忍耐換取價值，因為你被珍惜的方式，不該只有你一個人負責。

第二節　關係是心理帳戶的互存互提：你存進多少情感，對方能不能提領得出來？

關係不是靠感情撐住，而是靠心理流動維繫

賴沛芸是一位新創公司的營運長，也是團隊裡公認最溫暖可靠的中樞角色。她總是記得同事生日、幫新進人員準備迎新禮、在每次專案尾聲替大家訂便當。但某次，她在公司內部匿名問卷中看到幾則回饋：「覺得她有點距離感，不知道她是不是真的關心大家，還是只是習慣性照顧。」

這段回饋讓她震驚又失落。她想：「我做了這麼多，怎麼還會被覺得『不夠親近』？」

她開始反思：她一直在關係裡「存錢」，但為什麼對方「提領」時卻沒有感受到她的存在？

第二節　關係是心理帳戶的互存互提：
　　　　你存進多少情感，對方能不能提領得出來？

這不是她沒做事，而是她的付出沒有被「看見」、「轉譯」與「對應」到對方的心理帳戶裡。她的情感存款，進了對方聽不懂的帳號。

心理帳戶，是每段關係中無形但實際的系統

經濟學家理察・塞勒（Richard Thaler）提出心理帳戶（mental accounting），原本用於解釋人們對金錢使用的分類偏誤，但後來被延伸應用於人際互動中——人會為每段關係無形地建立一個「情感帳戶」，並根據自己內在的價值分類系統做存提。

沛芸喜歡以行動表示關心，她覺得「替人處理細節」是表達善意的方式；但同事可能更需要的是「一起喝杯咖啡談心」、「對話時的關注眼神」或「被邀請一起做決策」這些看起來更「感性的存款」。

她存進的是自己認定的價值，但對方的心理系統卻無法對應到它所需要的「情感幣別」，於是產生了「付出無感」的失落感。

這種錯位，不是誰錯了，而是帳號設錯、幣值不合、認列方式不同。

關係裡的提領感，來自「有被懂」的回應

沛芸開始主動做一件事：在日常關係中問對方，「你怎麼感受到別人在乎你？」她發現，有人重視「主動關心訊息」、有

人看重「並肩處理難題」、有人需要「被邀請說話」、也有人需要「在公開場合被肯定」。

她以前總以為，自己做得夠多就會被看見，但其實關係的對等，不是量，而是能否對應彼此的需求輪廓。

這就像在銀行匯款——你匯了十萬日圓，對方帳戶卻只收臺幣，雙方都焦慮，但問題不是存太少，而是沒打通帳號與幣別。

所以關係不是只有「你做多少」，而是「你做的，有沒有讓對方感受到：我被重視了。」

美國牧師蓋瑞・巧門（Gary Chapman）提出的五種愛的語言就是在描述這種帳戶匹配問題：肯定的言詞、精心的時刻、接受禮物、服務的行動、身體的接觸——每個人都有自己預設的情感帳戶格式，若你用錯了幣種，再努力也進不了帳。

關係健康的關鍵，在於雙方都能存也能提

沛芸曾經陷入一種關係模式：她總是給予，但很少主動提取回應。她習慣於當那個支援別人的角色，不習慣說「我需要什麼」。久而久之，對方也習慣了她總是充電站的角色，反而沒有意識到她也有情緒與需求。

這種「單向存款模式」最終會導致關係失衡。一方越來越空虛，一方卻以為一切正常。直到有一天，付出者突然冷掉、遠離、甚至斷聯，讓另一方措手不及。

第二節　關係是心理帳戶的互存互提：
你存進多少情感，對方能不能提領得出來？

心理健康的關係不是只靠付出，也不是誰給得多，而是彼此都有機會表達需要、補位關心、調整步伐。

你可以付出，但你也要能收回；你可以理解別人，但你也值得被回應。

真正成熟的互動，是雙方都能存，也都能提。不是為了算計，而是為了讓情感在兩人之間流動，而不是停滯在某一邊。

關係不是帳本，是心理資源的雙向流通

沛芸現在不再只是默默做事，而是學會在關係裡說明：「我這樣做，是因為我很在乎我們的合作。」她也學會在情感互動中說：「我今天有點累，可不可以換你幫我撐一下？」

這些話語讓她感到不再孤單，也讓對方開始更積極地參與關係。她不再是那個永遠能量充足的照顧者，而是成為一個可以給，也可以收的人。

她說：「我以前覺得被需要就是價值，現在我知道，能被懂，才是讓我繼續付出的力量。」

關係裡的帳戶不是計較誰多誰少，而是你是否能說清楚「我有給」、「我也會提」，而對方是否回應你說：「我收到了」、「我也想給你。」

當心理帳戶成為雙向的互動機制，你就不會在關係裡越走越累，而會越走越輕盈。

第三節　你不是被忽視，而是沒選對位置發聲：關係中的失落感，常常來自訊號被誤解

不是你沒努力，是對方根本沒收到你的訊號

林翊萱是一位高中輔導老師，擅長傾聽與引導，學生們都說她溫柔、穩定，是學校裡最有安全感的大人。但在與主管和行政溝通時，她常常感到挫敗與無力。她說過無數次「學校需要更多資源幫助情緒失調的孩子」，也提過「可以設立一個支持老師情緒壓力的空間」，但每次的回應都是：「再觀察看看」、「目前資源有限」、「我理解你的意思，但可能還不到時候」。

她覺得自己好像一直在大聲呼喚，卻沒人理會。她開始懷疑自己：「是不是我講得不夠清楚？還是我其實沒資格提這些？」

直到某位資深主任私下對她說：「妳不是不重要，只是妳說話的場合不對。」

翊萱這才明白，她不是被忽略，而是她的訊號在錯誤的頻道播出，在錯誤的場景裡說出，在對方準備度不足的狀況下提起。

很多人關係裡的失落，不是因為對方冷漠，而是我們沒選對能被聽見的方式與時機。

第三節　你不是被忽視，而是沒選對位置發聲：
　　　　關係中的失落感，常常來自訊號被誤解

關係裡的「無聲」，
常常來自表達方式的錯位

心理學家泰南指出，人際溝通中最大的落差不是語意，而是語境與語用錯位。你以為你說了，但對方未必接收；你以為你暗示了，但對方沒能力解碼。

翊萱習慣用「溫和提問」的方式表達需求：「我想我們是不是可以思考一下……」或者「也許哪天我們可以討論看看……」這樣的語氣，在她看來是尊重與禮貌，但在主管看來卻像是「非急迫議題」，自然排進了「有空再說」的選項。

她不是沒有表達，而是對方沒接收到「這是重要且需要資源支持」的訊號強度。

這種「訊號錯位」不只發生在職場，也發生在家庭、情感與友情中：

◆ 你用忙碌掩飾受傷，但對方以為你只是心情不好
◆ 你以為對方該主動察覺，但他需要明確的言語才有行動動機
◆ 你低聲說「沒關係」，卻在心裡默默希望對方能追問一句「你真的沒事嗎？」

當你在錯的頻道、錯的音量、錯的時機說話，你的訊號就會被背景噪音吞噬。

選對場景與角色,是讓訊號有效的第一步

翊萱開始練習在正確的位置說話。她先從「把話說給能推動的人聽」開始,不再只是對習慣聽她吐苦水但無實權的同仁傾訴,而是主動約談有決策影響力的主任與校長。

她也開始用更明確的語言,例如:

「我想在下學期前提出一份具體的方案,希望您能給我十五分鐘聽完它。」

「這件事如果半年內沒有調整,我擔心我們會流失更多學生支持資源。」

「我不再只是提建議,我希望這次能看到具體回應。」

這些語言的改變,不只是內容不同,而是她用更有立場與明確期待的方式,讓對方知道:這不是閒聊,這是行動信號。

當你願意從「說給誰聽」與「怎麼說」重新設計你的表達,你會發現自己不是無力,而是過去沒選對舞臺與話筒。

清楚傳達「我為什麼說」比「我說了什麼」更關鍵

翊萱也開始理解,很多時候她的訊號之所以被忽略,是因為她沒有清楚地傳遞「我說這些,是為了什麼」。她以為對方應該懂,但其實,每個人都太忙、太累、太缺乏理解力,無法自動補足你的意圖。

第三節　你不是被忽視，而是沒選對位置發聲：
　　　關係中的失落感，常常來自訊號被誤解

於是她在每次對話前，先清楚表明：

◈ 「我說這些，不是責怪，而是希望一起改善現況。」
◈ 「我提這件事，是因為我真的很重視學生心理健康。」
◈ 「這不是抱怨，是我願意負責參與改變的開始。」

當對方知道你不是情緒宣洩，而是有意圖、有立場、願意參與的夥伴，他們的回應方式也會跟著轉變。

你說的話能不能產生影響，不只在於說什麼，而在於對方知不知道「你為什麼要說」與「你希望我怎麼回應你」。

你不必再加大音量，只要轉到對的頻道

翊萱現在依然是一位溫和、節制、不愛衝突的人。但她不再壓抑自己的想法，也不再只是默默等待別人來理解。她開始說：「我想要讓你知道，我現在不是隨口聊聊，而是我真的有感受、有思考，也希望你可以聽進去。」

真正的溝通影響力，不是你講得多，而是你能不能在對的時機，對對的人，用對的語言，把最核心的訊號說出來。

你不是被忽略，只是你的訊號還沒準確地被解碼。

你不是不重要，只是你還沒找到能接住你話語的人與方式。

當你選對位置發聲，世界不會立刻改變，但你會開始聽見自己的聲音回音回來。而那，就是被聽見、被理解、被尊重的起點。

第四節　你想成為誰的「不可或缺」？
　　　　你渴望的是價值感，還是控制感？

被需要，真的就是被愛嗎？

彭奕仁是一位資深社工，投入助人工作超過十年。他對弱勢家庭傾盡心力，手機永遠開機，週末也常自掏腰包補貼資源。每個案主都說他是「最不能沒有的人」。但私底下，奕仁常感到無比疲憊，也時常懷疑自己：「如果有一天我不出現了，這些人還會記得我是誰嗎？」

他不敢離開，也不敢放下。每當有人對他說「你也要照顧自己」，他只會淡淡地笑說：「有人得撐著。」

直到某天，一位曾經深度協助的案主在社群上發文感謝一位新加入的社工，並未提及他。他看著那段文字沉默良久，第一次開始問自己：「我這麼努力，是為了什麼？」

這是一種在關係中常見的現象：你不知不覺想成為別人的「不可或缺」，但其實你是在尋找一種被肯定的價值證明。

但問題是，當你的價值感建築在他人的依賴上，你就永遠無法停止付出，也無法真正放鬆。

第四節　你想成為誰的「不可或缺」？
　　　　你渴望的是價值感，還是控制感？

「我幫你」其實是「我需要你需要我」

　　心理學家梅蘭妮・克萊恩指出，許多成人在建立關係時，並不是單純為了關愛，而是為了獲得自身價值存在的鏡射。

　　簡單說，我是因為你需要我，我才覺得我值得存在。

　　這種關係模式最常出現在照顧型人格、控制傾向高、或早年經驗中缺乏穩定認可的人身上。他們往往在關係中習慣先給、習慣照顧、習慣犧牲，表面上是慷慨，深層其實是怕被拋下。

　　奕仁從小父母忙於工作，他學會照顧弟妹與打點家務。對他而言，「被依賴」就是「被需要」，而「被需要」就是「被愛」的條件。

　　久而久之，他在任何人際關係中都主動扮演那個無法缺席的角色。

　　但也因此，他從沒學會：當我不給的時候，我還有沒有價值？

　　這是「不可或缺綜合症」的核心困境：你永遠無法鬆手，因為你把「價值」與「角色」綁在一起。

當你不再被需要，你會不會就覺得自己不存在？

　　奕仁在與心理師對談過程中，被問了一個關鍵問題：「你曾經想像過自己不再那麼重要是什麼感覺嗎？」

　　他誠實地說：「會怕。因為我不知道還能做什麼。」

這種恐懼感背後，是一種價值感單一化的心理結構。

你把所有的肯定集中在「我做了什麼、我給了什麼、我撐起了什麼」，卻從來沒給自己空間去思考：「我是不是也能什麼都不做，仍值得被留在這段關係裡？」

當我們只靠貢獻換來存在，就會陷入永無止境的操勞與自我勒索——你不能生病、不能請假、不能說不，因為你一說不，你就怕被取代、被忘記。

但關係的本質，不該是建立在你的「無限可用性」上，而是你能在有貢獻時被珍惜，無貢獻時也被理解。

真正健康的關係，是能夠被需要，也能夠被允許退出

奕仁開始刻意練習「慢退一步」。他讓新進社工負責一部分案主追蹤，也不再親自回覆每一封家屬簡訊。他說一開始內心極不安，甚至會偷偷觀察對方有沒有做錯。

但他也驚訝地發現，案主們並沒有因此怨懟或流失，反而有些人更積極地主動聯絡其他社工、開始練習自我照顧。

他這才明白：他不是不可或缺，只是一直沒讓別人學會自立。

而當他鬆開了「非我不可」的執念，他反而找回了內在更穩定的平衡。他開始問自己：「我可不可以只是參與，而不是主導？我可不可以只是支持，而不是承擔？」

你不必消失，但你也不需要綁住自己，才能證明你有價值。

成為可替代的，才是真正成熟的存在

奕仁現在常對年輕社工說：「不要把自己的價值，建築在別人離不開你這件事上。」他知道，當你願意不再被需要，你才有可能被真正選擇。

關係裡最穩定的存在，不是那個最常出現、最會幫忙的人，而是那個能留空間給他人、也能讓自己退場的人。

你可以為人所用，但不必成為永遠的支撐架；你可以被需要，但不能把自己困在「別人不能沒有你」的幻象裡。

當你開始放下「不可或缺」的焦慮，你會發現：你還是值得被在意，甚至更多人願意靠近你，不是因為你幫了他們什麼，而是因為你終於變成一個有自己節奏、有自己選擇、能自在呼吸的人。

第五節　不被尊重感來自邊界模糊：
　　　你沒說清楚的地方，別人就會踩進來

覺得被忽視，往往是因為你沒有先畫出界線

沈怡婷是大型出版社的編輯主管，平時溫和、效率高、為人謙虛。她幾乎每天都加班，常被作者臨時修改搞到凌晨也默默配合，連假日也照常回訊息。久而久之，大家都習慣找她處

理難題,但從沒人感謝她的付出,甚至連最基本的職務尊重也時常被忽略。

某次她因私事請假一天,回來時發現自己負責的作者被臨時轉交給另一位同事,事前未經任何說明。她心裡滿是委屈與憤怒,卻什麼都沒說,只是加快腳步把工作處理完。

這種情緒不是偶然,而是一種長期邊界模糊後產生的「被不當對待感」。她不是不努力,而是她一直沒讓人知道,她的界線在哪裡。

你若不設界線,就等於默許他人任意進出。久而久之,你會發現自己很累,卻說不出來到底為什麼。

沒有畫線的地方,就無法要求尊重

心理學家內德拉・格洛弗・陶華(Nedra Glover Tawwab)在其著作中強調,心理邊界不只是保護你不受傷,更是讓人知道如何與你互動的指南針。若你從未表達過「這樣我不舒服」、「這是我時間的限制」、「這是我的底線」,對方便無從得知何為尊重、何為逾越。

怡婷習慣說:「沒關係」、「我來就好」、「這小事而已不用麻煩別人」,但這些語句雖然聽起來溫柔,實際上卻不斷在教會他人忽略她的邊界。

第五節　不被尊重感來自邊界模糊：
你沒說清楚的地方，別人就會踩進來

別人不是惡意不尊重你，而是你從未讓人清楚知道你希望如何被對待。

我們不該預設他人都懂分寸，分寸這種事，是要你自己標示出來的。

界線清楚的人，更容易得到尊重與合作

怡婷在一次員工關係訓練中學會一件事：與其抱怨對方「怎麼這樣對我」，不如練習先說出「我希望怎麼被對待」。

她開始在接下任務時明確說：「這件事我可以做，但希望有完整需求才開始進行。」

她也開始在週五晚間設定「不接訊息模式」，並告訴團隊：「我會在週一上午統一回覆。」

她甚至開始在會議中開口說：「我想為自己負責的部分做明確說明，其他部分我希望由分工人員主導。」

結果反而讓團隊更清楚誰該做什麼，也讓她的價值感與專業感提升了。她沒有變冷漠，而是變得更穩、更清楚、更有角色定位。

心理界線不是用來隔絕人，而是用來清楚劃分責任、情感與空間。當你明確，別人才能回應；當你模糊，別人只能猜測，而猜錯的機率往往不小。

第六章　你在關係裡的樣子，就是你給人的心理帳單

想要被尊重，得先自己尊重自己的感受與需求

許多人誤以為「好相處」等於「沒脾氣」，但事實正好相反：越能清楚說出需求的人，越容易與人建立健康關係。

怡婷過去總認為，自己情緒化、太敏感不好，應該要「多忍讓」。但後來她意識到，那些忍讓的背後，其實藏著的是「害怕衝突」與「擔心被討厭」。

她開始練習從「表達界線」出發，而不是「壓抑情緒」：

她不再等到心情爆炸才冷處理，而是早早說：「這樣的安排我會覺得很急迫，能不能提前協調？」

她不再一聲不吭接下任務，而是說：「我可以幫，但這不在我目前工作範圍中，請先確認調整資源。」

這些語言，不是反抗，而是成熟的界線管理能力。也正因為她對自己誠實，別人也開始對她更有分寸、更懂得協調。

別再等別人來體貼你，從你自己先劃清界線開始

怡婷現在在每次工作啟動時，會先主動做三件事：

- ◆ 說出自己願意負責與不願意承擔的部分
- ◆ 對時間與溝通節奏設定界限（如回信時間、加班原則）
- ◆ 定期檢查自己是否「又不小心超過了自己能承擔的程度」

她說：「我還是會幫忙，但我不再靠燃燒自己來成就別人。」

界線不是冷漠,而是你對自己的尊重。

界線不是隔開,而是讓關係更有秩序、更穩固。

當你清楚地畫出一條線,別人會知道怎麼靠近你,而不是一再踩進你心裡的雷區。

你不是不被尊重,而是你可以從今天開始學會怎麼教別人尊重你。

第六節　給予與接受的心理平衡練習:
你願意給,卻不敢收,
是因為你還不相信自己值得

你給了很多,卻始終覺得不夠好?

蘇筱莉是一位受歡迎的生活風格顧問,她總是熱心幫助朋友、親切回應粉絲、樂於在社群分享靈感與工具。她擅長給建議、提供協助,也總能精準捕捉他人的需求。但當有人想要回饋她時,她總是說:「不要啦,你那麼客氣幹嘛?」

她可以毫不遲疑地替朋友訂餐廳、安排行程、加班幫忙趕簡報,卻不敢接受一句「妳真的很棒」,更別說收下朋友的回禮或請客。

她說:「我覺得只要能幫到大家就好了,真的不需要回報。」

但她的心理師提醒她:「你不是不需要回報,而是你還不相信自己有資格接受。」

這種現象在心理學中稱為「過度給予型人格」,特徵是傾向在關係中先付出、樂於成全他人,但對於接受關愛、表達需要、主動索取卻極度不自在。

表面是謙虛,其實是深層的不安全感與價值焦慮。

不敢收下,是因為你把價值建立在「對他人有用」

筱莉在童年時常聽見母親說:「女孩子要懂事、不要給人添麻煩。」她從小就學會成為那個「很乖、很貼心、很不會造成困擾」的小孩。這套生存邏輯讓她長大後在職場與社交中都很吃得開,但同時也讓她在面對他人好意時感到不安。

她潛意識裡有一個信念:「我要有用,別人才會喜歡我;如果我只是接受、只是一個『被照顧者』,我就會失去被愛的資格。」

這種「只能給,不能收」的關係模式看似堅強,實則脆弱。因為一旦她的能量耗盡,或她遇上無法主動給予的時候,她就會陷入:「那我還剩下什麼?」

真正的平衡關係不是你一直給、對方一直收,而是你們都能自在地給,也都能安心地收。

第六節　給予與接受的心理平衡練習：
你願意給，卻不敢收，是因為你還不相信自己值得

心理學家布芮尼・布朗（Brené Brown）曾指出：「你無法真正地同理他人，除非你也曾允許他人幫助你。」因為拒絕接受，就是在告訴別人：我不信任你，也不相信我值得。

關係中的能量，是靠流動而不是堆積

筱莉後來開始練習「情感對流原則」：把每一次給予與接受，都視為一次人際能量的自然交換，而非一場價值的證明。

她開始這樣對自己說：

- 「我今天幫助了朋友，因為我願意。」
- 「我接受朋友幫忙，是因為我需要，也因為我相信自己值得被照顧。」
- 「我送禮是表達愛，收禮也是一種允許別人表達愛。」

她也主動練習說：

- 「謝謝你願意幫我，這對我真的很重要。」
- 「我有點累，今天可不可以換你主動一點？」
- 「我願意接受這份心意，也會記得你這份在意。」

這些話語讓她從「不敢收」慢慢過渡到「能安心收」，也讓她的關係不再只有單向傾斜，而開始有了真正的互動。

關係中的能量，只有在你願意雙向傳遞時，才會產生滋養。

第六章　你在關係裡的樣子，就是你給人的心理帳單

給予不是負擔，接受也不是虧欠

筱莉曾說：「我怕收下東西會讓對方以後有期待，甚至覺得我欠他。」這是另一種在關係裡常見的思維陷阱——把「接受」視為「欠債」。

其實，成熟的關係從來就不是一筆筆對帳式的平衡，而是一場彼此都相信：「你願意給，是因為你在乎；我願意收，是因為我相信你。」

當你總是說「不用了」、「我來就好」、「你別破費」，你其實是封住了別人參與你生命的通道。

學會收下，也是在告訴對方：「你對我來說重要；我信任你。」

加拿大精神科醫師艾瑞克・伯恩（Eric Berne）所提出的交易分析理論指出，人際關係是由一連串心理交換構成，健康的交換不只來自角色對應，更來自於彼此都能承認需求、給出反應、並接受互動帶來的回饋。

你不是弱者，也不是依賴者，你只是選擇成為一個能真誠活在關係中的人。

第六節　給予與接受的心理平衡練習：
你願意給，卻不敢收，是因為你還不相信自己值得

給與收的平衡，是一種日常心理練習

筱莉現在開始設計自己的心理練習：

- 每週一次「只接受、不給予」的時段，例如讓朋友請客、讓同事主導討論
- 每當有人說「謝謝」時，她不再說「沒什麼」，而是說「我很高興我能幫到你」
- 每次感到「好像欠了對方」時，她練習寫下：「我相信我值得被幫助，因為我是個有價值的人」

這些看似簡單的練習，卻讓她的情緒穩定感提升、人際關係變得更深厚，也讓她在付出時不再焦慮回報，在接受時也不再覺得內疚。

她說：「我終於能安心地讓別人靠近我，也願意讓我自己靠近別人。」

這，就是給予與接受的真正平衡。不是算清楚，而是相信彼此都願意讓關係流動，不再只是一邊流失、一邊充電。

第六章　你在關係裡的樣子，就是你給人的心理帳單

第七章
壓力不是壞事，是信號處理出了問題

第七章　壓力不是壞事，是信號處理出了問題

第一節　你的壓力來源不是工作，是對「被看到」的焦慮

表面上是工作太多，其實是期待太深

張睿庭是一位策略顧問公司副理，學經歷亮眼，案子從不落地，但近來他出現了持續性的壓力症狀：胸悶、頭痛、失眠，每天早上醒來都感覺胸口被什麼東西壓著。身邊同事問他：「最近有什麼難搞的專案嗎？」他卻說：「其實都差不多，就是每件事都做不完，每件事都不敢放掉。」

他不是不知道如何分工，也不是沒有時間管理能力。真正讓他緊繃的，不是任務本身，而是他對於被看見、被認可、被證明價值的焦慮。

他說：「我怕一但沒接住，主管就不會再信任我。萬一我沒在每個會議裡展現出存在感，我是不是很快就被忽略了？」

這種壓力不是來自工作量，而是來自「我要一直在別人心中保有位置」的心理負擔。當一個人將自我價值緊緊綁在「別人是否看到我」的外部指標上，他就會對每一個眼神、每一次沉默、每一封沒回的信產生過度解讀。

壓力不只是做太多，而是怕自己在這麼多裡面還不夠「被看見」。

第一節　你的壓力來源不是工作，是對「被看到」的焦慮

焦慮的核心是「我夠好嗎」的長期懸問

睿庭不是第一個，也不會是最後一個陷入「過度展現自己」焦慮的人。心理學家卡爾・羅傑斯（Carl Rogers）早在 1951 年便指出，人類最大的心理張力，不是來自失敗，而是來自「自我概念」與「真實經驗」之間的落差。

換句話說，當你期待自己是優秀的、值得讚賞的、有影響力的，但你每天經驗到的是被忽略、被打槍、被對比，那你內在會形成一種「不確定自己價值是否成立」的深層懸問。

睿庭內心其實長年存在一個假設：「我之所以被留下，是因為我一直表現得很有用。」而這份假設會轉化為高度的自我要求、極低的錯誤容忍度，以及對任何「被忽視」的反應過度解讀。

主管一週沒主動安排他主持例會，他就懷疑：「是不是不信任我了？」同事沒在群組回應他的提案，他就解讀為：「我是不是講太多？」

這些不是情緒反應，而是價值焦慮的外顯行為。他不是怕做不好，而是怕「做不好會讓自己變成一個不重要的人」。

壓力因此不只是任務問題，而是身分焦慮與關係焦慮的總合。

「被看見」不該成為生存條件，而是關係流動

在心理諮商實務中，許多高成就者會表現出一種特徵：渴望被看見，卻不敢真正暴露自己。

第七章　壓力不是壞事，是信號處理出了問題

他們總是試著「做得更好」來換取注目，卻無法在沒有表現的時候仍然相信自己值得存在。

睿庭的情緒低潮來自一次主管簡報會議。他準備了一週的策略簡報，卻只被安排五分鐘發言。會後他笑著說沒關係，但心裡卻出現一種無以名狀的空虛。他不是氣那五分鐘，而是感受到自己「努力的一切」在別人眼中毫無重量。

這種經驗長期下來會讓人內心慢慢形成一種信念：「我得不斷證明自己，才有位置。」而這種信念會讓人無法休息、無法失誤、無法坦承情緒。因為一旦我不再展現，我就怕別人看不到我，而我就會消失。

真正成熟的職場心態，不是努力被看到，而是你知道自己的價值，不需要每一次都被點名認可，仍能穩定地參與與貢獻。

心理上的安全感，不是來自別人的目光，而是你願不願意相信：即使沒人盯著我，我依然是我。

改變焦慮來源的第一步，是從「我為什麼要證明」開始問

睿庭後來開始進行心理教練輔導，第一個練習不是調整時間表，而是寫下一句自我對話：「我為什麼需要每一次都表現？」

他發現，背後其實藏著一段成長經驗：他的父親從不讚美，只會說「這是你應該做到的」；母親則常說「你要乖，要爭氣」。

第一節　你的壓力來源不是工作，
　　　　是對「被看到」的焦慮

他從小便把成就視為存在感的代名詞，也從未學會「不努力的時候，我仍然是值得被愛的。」

這段練習讓他第一次理解到，自己對「被看到」的執念，不是職場文化灌輸的，而是自己從未處理過的家庭內在規訓。

當你能釐清自己到底在焦慮什麼，你就能開始重構「你是誰」的基礎，不再被綁在每一次的表現裡。

壓力因此不再是「來自主管的期待」，而是「我是否能允許自己偶爾被忽略，卻不自我否定」。

你不是怕失敗，而是怕失去被認可的機會

睿庭後來學會三件事，讓他與壓力重新建立關係：

一、區分事件與意義：他開始練習將工作結果與自我價值分開，專案沒成功不是他沒價值，而是需要修正策略。

二、減少過度連結：同事沉默不是否定他，主管沒安排主持不是不信任，是流程安排。

三、建立內在認可系統：他開始每週寫下「這週我為自己驕傲的一件事」，即使是小事。

這些練習讓他慢慢地，不再在每次會議中拼命舉手發言；不再擔心每封信有沒有秒回；也不再對每一個冷場感到恐慌。他學會：有些時候，我不是主角，但我還是團隊的一部分。

最終，他對自己的評價不再只是「有沒有被看到」，而是「我

167

第七章　壓力不是壞事，是信號處理出了問題

是否活出了我想呈現的價值」。

壓力不再是焦慮，而是方向提醒。不是別人逼迫，而是我知道自己要去哪。

第二節　同一事件，不同性格壓力完全不同：你怎麼解讀事件，就決定你怎麼承擔壓力

壓力的大小，不在事件本身，而在個體的解釋系統

一個主管臨時改變報告順序，有人覺得「沒差，很快調整就好」，也有人覺得「天啊，他是不是在懷疑我？」同樣的事情、相似的職場、相同的時間壓力，卻在不同人身上引發完全不同的壓力反應。

壓力不是客觀的，而是主觀心理系統對事件進行解釋後所產生的情緒張力與生理反應。

心理學家理查德・拉扎勒斯（Richard Lazarus）與蘇珊・佛沃（Susan Folkman）於 1984 年提出壓力的「認知評估理論」（Cognitive Appraisal Theory），指出個體面對壓力源時會進行兩階段評估：

◆ **初級評估**：這件事對我是否具有威脅性？

第二節　同一事件，不同性格壓力完全不同：
你怎麼解讀事件，就決定你怎麼承擔壓力

◆ **次級評估**：我是否有能力或資源處理它？

這兩層評估並非取決於事件，而是來自個體的性格傾向、過去經驗、心理資源與對自我的評價。也因此，相同的事件對不同性格的人而言，其壓力強度與反應方式可能天差地遠。

完美主義者：壓力來自「我不容許自己錯」

徐維真是一位極度自律的財會主管，凡事精準到位，報表從不出錯，連公式邏輯都自動建立檢核程序。某天，公司合併案讓她必須在三天內交出一份整合試算，面對臨時變數與無法確認的資訊，她開始失眠、暴躁、甚至懷疑自己是不是能力退化。

她的壓力來源不是專案難度，而是她內在對「錯誤」的零容忍。她不是在應對任務，她是在維護自己作為「精準執行者」的身分完整性。

心理學上稱之為自我要求型壓力，這類性格者將「好表現」等同於「值得信賴」，若遭遇不確定或需仰賴他人完成的任務，便容易產生「自我價值危機式焦慮」。

維真不是害怕失敗，而是害怕「失去對完美的控制感」。這使她對事件的壓力反應倍增，甚至超越實際工作難度。

她後來在心理教練指導下，開始建立「風險容忍區」：為自己劃出 5% 容許誤差空間，每日練習在簡報中容忍一個小瑕疵，以此鬆動對完美的焦慮性要求，壓力才逐漸下降。

第七章　壓力不是壞事，是信號處理出了問題

被認可型人格：壓力來自「我會不會讓人失望」

林哲穎是一名業務主管，擅長談判、人緣極好，每次客戶滿意度調查他都是前段班。但他經常默默承擔他人的進度延誤、幫忙背鍋，甚至為了維持好印象而不敢拒絕不合理要求。

當有一次他終於回絕一位跨部門要求後，對方在會議中開玩笑說：「哇，哲穎今天也會說不喔。」這句話讓他整天不安，開始反覆回想自己的語氣是否太冷、是否讓人不舒服。

哲穎的壓力來自於自我形象維持焦慮。他對他人觀感高度敏感，並將「我是否讓人舒服」等同於「我是否是好人」。

這類人格屬於關係取向型角色焦慮者，他們擁有高情緒智力，但也常因此無法放下他人的眼光。他們的壓力並不源於事件的難度，而是來自於事件是否讓他失去了關係中的地位與價值。

哲穎在心理練習中開始辨識「我的好不等於我的順從」，學習說出界線與明確期待。他為自己設計了一句核心回應語：「我願意幫忙，但也希望我們一起討論怎麼分擔。」這樣讓他在維持關係的同時也降低了壓力負荷。

高敏感型人格：壓力來自「太多資訊無法過濾」

陳昱璇是一位品牌設計師，感知細膩、創意豐富，是許多客戶點名合作的對象。但她在面對多工任務時極易情緒崩潰，尤其在與不同部門交接、資訊不斷變動時，她常陷入「腦袋空

第二節　同一事件，不同性格壓力完全不同：
你怎麼解讀事件，就決定你怎麼承擔壓力

白、全身緊繃」的狀態。

她的壓力來源不是任務本身，而是來自「感官與資訊過載」的無力感。這是典型的高敏感特質者壓力反應。

高敏感型人格的人在處理外部刺激時，腦部杏仁核反應較為強烈，容易過度警覺。他們不僅對聲音、畫面、文字刺激敏感，對於他人的語氣、情緒波動也極為敏銳。這使得他們面對「變化多、節奏快、資訊未整合」的情境時，會產生強烈的系統性焦慮與壓力。

昱璇開始調整自己的工作策略，例如要求每次專案溝通用文字整理、建立「單一窗口負責制度」，同時學習使用降噪耳機與分時工作法。透過環境與流程設計，她成功將壓力感降至可管理範圍。

壓力不是無能，而是系統過載後缺乏配套處理方式。

你的壓力反應，其實藏著你性格的運作習慣

不同的人格特質，會用不同的方式建構意義系統，也因此對壓力來源的解讀與承受能力有極大差異。以下為幾類常見性格傾向與其典型壓力反應模式：

性格傾向	壓力來源	典型反應
完美主義	失控、誤差	過度焦慮、自我責難
被認可型	形象受損、人際關係緊張	情緒耗竭、壓抑需求

第七章　壓力不是壞事，是信號處理出了問題

性格傾向	壓力來源	典型反應
高敏感型	多重刺激、資訊過量	系統當機、感官退縮
避衝突型	被點名發言、直接衝突	逃避、沉默、自責
主導控制型	不可預測、缺乏主導權	急躁、憤怒、強勢接手

透過認識這些性格與壓力對應關係，我們可以從「壓力來了要撐住」的本能，轉變為「壓力來了代表哪裡不適配」的系統性調整策略。

你不是抗壓力低，而是你尚未找到與你性格對位的壓力處理設計。

第三節　如何打造「情緒安全緩衝區」：壓力不是不能來，而是你有沒有留下一段讓情緒喘息的空間

沒有喘息空間的人，再堅強也會崩潰

朱郁婷是一位科技公司的產品經理，行程永遠排得滿滿，一天裡橫跨四個會議、三種進度同步、兩份簡報審核。她被視為團隊的中樞節點，「什麼事都能處理」、「什麼壓力都能抗」是同事對她的評價。

但只有她自己知道，每天下班後她都像被掏空一樣癱在床

第三節　如何打造「情緒安全緩衝區」：
壓力不是不能來，而是你有沒有留下一段讓情緒喘息的空間

上，還要花一個小時靠著滑手機與追劇，才能讓腦袋從「應戰狀態」退下來。某次週五深夜，她突然因心悸被送醫，醫生說：「不是病，是過度壓力累積導致的自律神經失調。」

她開始懷疑：「為什麼我什麼都做對了，卻還是這麼累？」

其實問題不在工作本身，而是她的生活中完全沒有「情緒緩衝區」——一段可以讓她在承擔壓力後進行回彈、釋放與修復的空間。

沒有緩衝區的人，即使再能幹，也終究會被長期微傷累積壓垮。

情緒安全感，不是來自少壓力，而是有「壓力後的回彈機制」

心理學家彼得・萊文（Peter Levine）在創傷復原研究中強調，人不是因為壓力而崩潰，而是因為「壓力來了卻沒地方釋放、沒機會整合」才導致身心崩解。

這段「整合空間」，就是所謂的情緒緩衝區（**emotional buffer zone**）。

它是一種心理結構，也是一種生活設計。當人遭遇壓力時，若沒有一個被允許「暫停」、「無須解釋」、「能回復自我感」的場域，那麼壓力就只能往內部堆積。最終會產生情緒遲鈍、共感消失、易怒、倦怠，甚至是自我否定。

第七章　壓力不是壞事，是信號處理出了問題

郁婷從來沒想過她的生活如此密不透風。她把所有「情緒維護」的時間都挪去「任務完成」，她放棄了午休、運動、閱讀，也不再與好友傾訴。她把所有喘息的空間都拿去證明自己有用，卻忘了：人不是機器，你需要時間讓情緒整理自己。

打造情緒緩衝區，不是為了變得脆弱，而是為了讓你可以走得更長、更穩，不在壓力來臨時全面瓦解。

情緒緩衝區包含三個面向：時間、語境與支持網絡

郁婷在心理教練的協助下開始建立屬於自己的「三層式情緒緩衝區」。這不是一種靈性放空，而是一種有意識的生活設計策略：

▍時間緩衝：你需要「不被追趕」的時段

她每天刻意在行事曆中空出 30 分鐘「沉默時段」，手機靜音、不看螢幕，只做一件能讓自己回到身體與情緒狀態的事，例如泡茶、散步、聽音樂。

這 30 分鐘不是閒置時間，而是為心理系統預留緩衝資源。

研究顯示，即使高壓環境中，只要每天有一段「沒有任務壓迫感」的時段，個體的情緒彈性與專注力會顯著提升（West et al., 2021）。

▍語境緩衝：你需要一個不用解釋的語言空間

郁婷與三位好友組成「情緒便當社」，每週一次固定在線上吃飯閒聊，不談工作、不談目標，只說「今天我最累的事」與

第三節　如何打造「情緒安全緩衝區」：
壓力不是不能來，而是你有沒有留下一段讓情緒喘息的空間

「我此刻的感覺」。

這是一個不被評價的空間，也是情緒得以自由被說出口的容器。

心理學者布芮尼・布朗（2015）指出，語言是情緒整合的工具，當人能夠將情緒命名並說出來，壓力對身體與神經系統的影響會顯著減輕。

■ 支持緩衝：你需要一個能幫你「接住你」的人

她也開始與伴侶約定「每週一次非功能性對話」，不談家事分工、不談未來計畫，只聊彼此的情緒經驗與壓力狀態。這個對話幫助她感受到：我不需要先解決完所有事，才能被好好聽見。

情緒安全的關係，不是永遠同頻，而是有一個願意在你混亂時不急著修理你的人。

這三層緩衝設計，讓她的生活從一個全速奔馳的任務列車，轉變成可以進站、補給、維修的長程列車。

情緒緩衝區不是躲避壓力，
而是讓你在壓力裡仍保有彈性

許多人誤以為，打造情緒緩衝區會讓自己變得懶散、不進取。但事實是，高表現者最需要緩衝區，因為他們最容易把自己逼進極限。

第七章　壓力不是壞事，是信號處理出了問題

郁婷曾說：「我以為只要撐下去就會過去，但其實沒有空間讓我回復的壓力，是不會自動消退的。」

她不再強迫自己「永遠 on call」，開始在高壓專案結束後強制休假，也學會在日常中辨識情緒訊號，例如焦躁、健忘、無法專注，這些都是緩衝資源即將耗盡的預警。

心理學家史蒂芬・波格斯（Stephen Porges）提出的「多重迷走神經理論」指出，人若長期處於交感神經優勢狀態（也就是戰鬥或逃跑模式），會導致身體進入慢性發炎、免疫力下降與情緒調節障礙。

而透過深呼吸、冥想、慢節奏活動等方式來建立副交感神經優勢狀態，則有助於大腦進行壓力整合與內在平衡。

情緒緩衝區的核心，就是讓你能定期進入這樣的修復節奏。

真正有能量的人，是能適時停下的人

郁婷現在對於自己的「情緒空間管理」有明確原則：

- ◆ 她不再每個會議都參加，而是挑選對目標最有幫助的進行
- ◆ 她不再急於每一封信件都即時回應，而是設定「心理緩衝回應期」
- ◆ 她不再將工作情緒壓到下班後，而是用小儀式（寫一封給自己的信、走一段沉默的路）結束每個高壓日程

她說:「我現在還是會累,但我知道哪裡是我可以喘一口氣的地方。」

你的人生不必永遠在高壓中拼命前行,你可以設計一條讓自己可以回頭、可以修補、可以緩衝的路。

情緒緩衝區,不是軟弱的象徵,而是高自覺與高效能者的自我保護設計。

你不是無法承擔壓力,而是你值得擁有一個,讓壓力來過、也能走掉的地方。

第四節　辨識三種壓力反應模式:凍結、逃跑、反擊

當壓力來襲,你的大腦會自動選擇生存策略

劉子豪是一名剛升任主管的工程師。某天下午,他在全體會議上被高層臨時點名解釋進度落後原因。明明他有數據、有分析,也有解釋邏輯,但當下他腦袋一片空白,語塞超過十秒,語氣支支吾吾,會後他懊惱又羞愧:「怎麼會這樣,我不是沒準備啊!」

這正是壓力引發「凍結反應」(freeze response)的經典案例之一。面對威脅性壓力源時,人的神經系統會自動進入「戰、逃、僵」三選一反應(fight-flight-freeze),並不經由理智大腦決

第七章　壓力不是壞事，是信號處理出了問題

策。這些反應來自腦幹與杏仁核的原始生存系統，用以保護我們快速避開風險。

然而在現代社會，威脅並不總是猛獸，而可能是主管一句質疑、同事一次否定、甚至自己內在的一個聲音。

壓力模式不是性格，而是你習慣面對危機時的心理安全策略。當你認識這三種模式，才能從「為什麼我又卡住了？」轉向「我知道我現在的反應是什麼，我該怎麼回來？」

凍結反應：當你什麼都想不到，其實是大腦暫停了非必要功能

子豪的「當機」不是他無能，而是他的神經系統啟動了急凍機制：為了讓身體不被進一步攻擊，大腦進入半關機狀態，暫時關閉語言、記憶、邏輯等非生存必要功能。

精神病學家貝塞爾・范德寇（Bessel van der Kolk）在《心靈的傷，身體會記住》（The Body Keeps the Score）中指出，當人感受到極大無力或缺乏控制感時，凍結是身體最原始的自保機制。這種反應雖然讓我們暫時「不參與」，但也讓我們「錯過參與」。

凍結型反應的人常見特徵包括：

- ◆ 在壓力情境中容易語塞、表情僵硬
- ◆ 事後才想到要說的話

第四節　辨識三種壓力反應模式：
　　　　凍結、逃跑、反擊

◆ 容易後悔「剛剛應該怎樣怎樣」
◆ 害怕即時表達與即興應變

　　這種模式多見於早年經歷過高壓或情緒無回應家庭的人，他們學會了「不動比較安全」，並將此模式內化為成人的人際策略。

　　修復方式不是強逼自己「當下一定要講話」，而是創造安全預演情境，例如：

◆ 將會議中可能的問題提早模擬
◆ 練習「延遲表達」：先說「我需要一點時間思考，晚點給你完整回覆。」
◆ 建立自我覺察語言：「我剛才凍住了，不是我沒想法，而是我需要一點空間。」

逃跑反應：不是你想躲事，而是你沒空處理情緒

　　吳宜軒是一名資深行銷人，反應快、邏輯強，但只要壓力升高，她就會進入一種「過度行動」的逃避模式——一邊說「沒事啦，我 OK」，一邊加班到凌晨，卻誰都不敢麻煩。

　　這就是逃跑反應（flight response）的另一個面向——不是物理上離開，而是情緒上迴避。你開始避免回覆訊息、逃避面對情緒對話、轉而將自己困在無止盡的執行當中。

　　逃跑型反應的人往往在壓力下展現出：

第七章　壓力不是壞事，是信號處理出了問題

- ◆ 過度加班或過度忙碌
- ◆ 逃避衝突，答應所有請求
- ◆ 離題、轉移、滑手機等注意力逃避
- ◆ 感覺不到自己的情緒，但身體開始出現疲憊訊號

他們的壓力防禦來自「只要我不停下，就不用處理那份恐懼／羞愧／無力感」。這些人常常被讚為「很能扛」，但背後往往是「不敢讓自己有脆弱」的信念作祟。

宜軒的轉變來自一次身體病倒，醫師說她其實是累過頭，免疫力崩盤。她開始練習：

- ◆ 一天只做三件真正重要的事
- ◆ 遇到不合理請求時，先說「我回去評估」再決定
- ◆ 為自己安排「高壓後的修復練習」，例如深層呼吸、正念寫作等

逃跑不是懦弱，而是你不知道怎麼停下而不自責。學會允許自己休息與感受，才是這種反應的療癒起點。

反擊反應：你不是愛生氣，而是你不容許自己脆弱

陳學恩是一名創投公司副總，精明幹練，但也常因為一句話火速點燃怒火。在他看來，很多人「不夠努力、不夠可靠、不該浪費時間」，但其實，越靠近他的人，越知道他的爆炸，是為

第四節　辨識三種壓力反應模式：
凍結、逃跑、反擊

了掩飾他極度怕失控的內心。

這就是戰鬥反應（**fight response**），不是惡意攻擊，而是透過主導與攻勢來重建心理安全感。

這類反應常見表現包括：

- 對批評過度反應、防衛心強
- 習慣「搶先發言」來控制局勢
- 無法容忍失序與他人犯錯
- 突如其來的情緒起伏大，事後常有懊悔感

學恩從小在高期待環境長大，失誤總是被放大檢視。他內化一套邏輯：「我不能被懷疑」，因此當面對不確定或可能被否定時，便迅速發動攻擊，以壓制他人來保護自己。

他後來開始透過「事後自我記錄」來釐清觸發點，例如記下：「我剛才生氣是因為我覺得對方在否定我努力，但其實他只是沒表達清楚。」

他也練習以下策略：

- 每次回應前先深呼吸兩次
- 建立信任網絡，讓自己不是單打獨鬥
- 承認「我怕被否定」而不是用「我不能被挑戰」來包裝脆弱

戰鬥反應不是你情緒管理差，而是你太早學會了「用力才不會輸」。當你願意承認你的不安，你就不用再用怒氣來替自己築牆。

第七章　壓力不是壞事，是信號處理出了問題

每一種壓力反應，都是曾經保護你的策略，但也可能正在困住你

凍結、逃跑與戰鬥這三種壓力反應，曾經都幫助我們在危機中活下來，但若不自覺，它們就會在日常中反覆啟動，成為讓你卡住、疲累與關係緊張的主因。

以下為簡易壓力反應對照表：

反應類型	核心信念	常見行為	修復建議
僵住	我不能出錯	語塞、沉默、腦袋空白	預演、延遲表達、建立語言出口
逃跑	我不能停下	過度工作、逃避情緒、答應太多	設限、減量、練習情緒接觸
戰鬥	我不能被挑戰	攻擊性強、焦躁、控制欲高	承認不安、練習脆弱說法

你不是異常，只是你還不認識你壓力來時的本能反應。

當你開始辨認並學會與它共處，你就能從自動反應轉向有意識的選擇，讓壓力成為提醒，而不是引爆點。

第五節　面對高張力場景的心理儲備策略：讓你的情緒不在第一線破口，而是提前裝備好盔甲與退場機制

真正會壓垮你的，不是事件本身，而是你來不及準備

周孟軒是一位外商企業的區域銷售總監，經歷過無數公開簡報、大型提案與跨國會議。他自認應變力強、心理承受度夠高，但某次與日本總部的跨部門提案會議中，對方對簡報內容提出尖銳質疑，加上全場沉默，他當場腦袋一片空白，答非所問，結束後身體癱軟。

他自責說：「我明明知道答案，但那一刻完全沒辦法反應。」

那次事件讓他開始質疑自己「是不是老了」、「是不是能力下滑」，直到心理教練告訴他：「你不是不會處理危機，而是你沒有為高張力現場做足心理儲備。」

高張力場景，例如即席簡報、績效審查、公開爭辯、重大衝突會議，並不只是專業技術考驗，更是心理能量與神經調節的實戰現場。

不是你能力差，而是你的大腦沒有足夠的預備能量，讓你能夠在「生存系統被啟動」的同時，仍能保有一點點思考的空間。

第七章　壓力不是壞事，是信號處理出了問題

高張力事件會啟動「內建生存反射」
—— 你需要學會預留空檔

當人面對可能威脅自我價值、聲譽、階層安全的情境時，大腦邊緣系統與腦幹會自動啟動自我保衛機制，如前章所述的「戰、逃、僵」模式，這些反射速度快、能量消耗大，但理性功能會同時被抑制。

孟軒在那場會議中正是陷入理性功能下線、壓力反應前線全面開戰的狀態。事後重看錄影，他發現自己語速變快、表情僵硬、眼神飄忽，整體呈現高度防禦姿態。

而這類「緊繃前線場景」中，若沒有事前建立心理儲備池，就會出現思考力斷線、情緒反應暴衝、過度補償性防衛、與事後過度自責等現象。

高張力事件不可避免，但能被預備。你需要為自己準備一套事前強化 —— 事中延遲 —— 事後調整的心理策略系統。

事前：強化三大心理能量指標

心理學家芭芭拉‧弗雷德里克森（Barbara Fredrickson）在其「擴展與建構理論」（Broaden-and-Build Theory）中指出，正向情緒能在面對挑戰時擴展個體的認知資源與行動選項。換言之，你的心理能量越充足，面對高張力事件時的承受力與回彈力就越強。

第五節　面對高張力場景的心理儲備策略：
讓你的情緒不在第一線破口,而是提前裝備好盔甲與退場機制

你可以透過三項日常練習強化心理儲備：

1. 正向預演

在進入高張力場前,預想你可能會成功應對、順利表達的畫面,並設計一段你最有信心的開場語。這能降低不確定引發的壓力強度。

練習建議：每天花 3 分鐘寫下：「如果我今天遇到挑戰,我會怎麼穩定自己？」

2. 生理底盤照顧

包括：規律飲食、適度運動、睡眠節律與咖啡因控制。這些看似「跟心理無關」的事情,實則直接影響你大腦的調節能力。

重點：高張力場景不是靠爆發力撐住,而是靠「穩定底層運作」來保護上層認知。

3. 信任網絡建立

高張力場景最怕你一個人孤軍奮戰。找到可以事前陪你演練、事後陪你復盤的角色,讓你心理上不覺得自己「沒有後援」。

工具提示：建立「心理備援清單」,包含可傾訴對象、求助平臺、情緒出口場景等三種備選方案。

事中：延遲反應、放慢節奏、標記自我狀態

壓力高峰中最重要的事情不是立即表現完美，而是為自己多爭取一點空間與時間，讓你的理智回線重新連接。

以下是三個在現場可實行的微策略：

1. 緩衝語句設計

預先準備幾句延遲型語言：「我需要一分鐘思考這個問題」、「讓我先確認資料再補充更完整的回答」，這不會讓你看起來不專業，反而顯示穩定度。

2. 身體地標重定位

透過手指輕敲、呼吸節奏、腳底觸感等方式，幫助神經系統重新連結「此時此地」的感知，穩定內在位置感。這是一種「體感接地」（grounding）技巧。

3. 自我內語調節

學會在壓力升起時說：「我現在有壓力沒關係，但我還能處理這一段。」這樣的內部語言可以讓你的前額葉皮質重新參與思考，減少杏仁核過度主導。

這些策略無法瞬間讓你放鬆，但可以避免你在高張力中直接崩潰或語言錯誤反應。

第五節　面對高張力場景的心理儲備策略：
讓你的情緒不在第一線破口，而是提前裝備好盔甲與退場機制

事後：復盤、整合、歸位

許多人在高張力場景後會產生一種「後悔焦慮」——明明可以更好、為什麼沒講那句話、為什麼沒再堅持一下？這種情緒若未處理，會讓你對下次類似場景產生恐懼或抵抗。

你可以用以下三步驟處理事後心理能量整合：

1. 事後去個人化復盤

不是用「我很差」的語氣檢討自己，而是以「當時那個人（自己）在什麼條件下做了這樣的反應」來進行第三人稱復盤。這可降低羞恥與自責感。

2. 分離事件與身分

「那場簡報表現沒那麼好」≠「我不是一個有價值的人」。記得壓力事件是狀態的結果，而非本質的定義。

3. 找回一件能增強主控感的小行動

例如整理筆記、寫下收穫、立刻設計下一次的修正計畫。這些都能讓你在心理上「從被打擊者」回到「重新參與者」的位置。

高張力場景會再來，但你可以準備得更有力

孟軒現在仍然經常參與跨部門激烈協商，也仍然會緊張，但他不再恐懼，而是學會了：每一次的壓力現場，我都能提早準備、當下保護、事後回收。

他說:「我不再怕壓力來臨,因為我知道我有地方可以站、有空間可以退、有工具可以用。」

這就是「心理儲備策略」的真正意義 —— 不是避免壓力,而是讓壓力來時你不再赤手空拳。

你不必完美應對每一場挑戰,但你值得為自己準備一套情緒與行為的盔甲。

那樣的你,不只是專業工作者,更是心理空間的有力守門人。

第六節　讓壓力成為驅動力的心理再建模:從逃避到轉化,讓壓力推動你前進而不是拖垮你

壓力不是敵人,是沒被翻譯好的訊息

洪宥璇是一位自由接案的創業顧問,擅長提案包裝與策略定位。她看似游刃有餘,但其實在接案週期不穩定、收入波動大的現實中,內心長期處於焦慮狀態。每當案子中斷、等待回覆或報價談不攏,她就開始懷疑自己是不是「快不行了」、「是不是這行真的不穩」、「會不會再撐下去就崩潰了」。

直到一次與心理師對話中,她聽到一句話:「你不是怕壓力,而是你還不會用壓力。」

第六節　讓壓力成為驅動力的心理再建模：
從逃避到轉化，讓壓力推動你前進而不是拖垮你

這句話點醒了她。她從未思考過壓力可以不是被忍受的東西，而是可以重新建模、重新定義、重新使用的資源。

壓力不是天生具有破壞性的，而是我們對它的解釋系統與情緒反應決定了它會成為推動力還是阻力。

當我們學會將壓力訊號進行再建模，我們就不再是壓力的受害者，而是它的駕馭者。

建模一：把壓力從「威脅」重塑為「激發」

心理學家凱莉・麥克高尼戈爾（Kelly McGonigal）在其著作《輕鬆駕馭壓力》（*The Upside of Stress*）中提出：「壓力本身不可怕，關鍵在於我們相信它會幫助我們還是摧毀我們。」

這就是所謂的壓力心態轉換模型。

當我們把壓力看作激發學習、成長、集中注意力與行動的資源時，身體會釋放催產素（oxytocin）與去甲腎上腺素（norepinephrine）等促進連結與專注的激素，反之則會進入慢性壓力的破壞模式。

宥璇開始每次焦慮來襲時，練習問自己三件事：

◈ 這份壓力是想讓我準備什麼？
◈ 它代表我正在面對哪個重要的挑戰？
◈ 如果我不害怕，我現在可以做什麼？

這些提問讓她從「我要怎麼活下去？」轉換為「我現在該強化哪個能力、盤點哪段資源、或找誰對話？」

壓力從原本的內耗轉為啟動動能的訊號。

她不是沒壓力，而是開始知道：「壓力出現，是系統告訴我：你快要升級了」。

建模二：把壓力從「敵人」重塑為「教練」

大多數人在面對壓力時，會以對抗或逃避的態度處理它。但其實壓力不是為了打敗我們，而是為了訓練我們。

再建模的第二步，是建立「壓力成長曲線模型」。

這個模型假設壓力是一個指標，它指向我們尚未強化的能力、資源或認知策略。

宥璇設計了一份「壓力導向能力圖」：

壓力內容	對應成長課題	可強化策略
客戶反覆修改且難溝通	邊界管理與談判	明確合約、時間預估緩衝
案子中斷、等待期焦慮	收入多元與心理穩定感建立	建立現金流規畫、增加自我接納練習
被拒絕或不中選	自我價值重建與非結果導向思維	聚焦過程、記錄學習曲線

她開始不再對壓力事件感到羞愧，而是看作「能力提醒」與「調整指引」。

第六節　讓壓力成為驅動力的心理再建模：
從逃避到轉化，讓壓力推動你前進而不是拖垮你

她說：「我開始像訓練肌肉一樣，面對每一種壓力主題，不是躲，而是鍛鍊。」

這樣的再建模，讓她在面對未來壓力事件時，有了清晰的內部對話：

這不是我有問題，而是我正在練一種還沒熟練的能力。

建模三：讓壓力感變得可測量與可控

壓力變成可怕，是因為它抽象、模糊、無邊際。

一旦你把它轉為可追蹤、可評估、可拆解的單位，它就會從「未知風暴」變成「可規劃的工程」。

宥璇開始使用「壓力等級盤點表」，她每天為壓力狀態進行記錄：

時間	壓力事件	壓力感 1～10	身體反應	思考內容	對策
上午11點	客戶取消一場講座	7	胃悶、肩緊	我是不是提案不夠好？	檢視講稿、寫學習筆記
下午3點	新案等待回覆	6	心跳快、反覆查信箱	他是不是不打算合作了？	設定24小時不追蹤

透過定量化與具體化，她不再陷入情緒內旋，而能外化壓力狀態、找到介入點。這是一種壓力的心理工程法，讓你有方法而不是只有情緒。

此外，她也設立了「壓力積分條件」：

- 當壓力感連續三天高於 8 分，她必須安排至少一天的緩衝日
- 當壓力感低於 3 分時，她需主動設計下一次挑戰，避免自我懈怠

這種設計不只幫助她「應付壓力」，更幫助她管理能量、規劃節奏、創造心理韌性。

壓力不是人生的問題，而是成長的素材

有璇現在仍然會焦慮、仍然會緊張、也仍會懷疑自己。但她說：「我不會再責怪自己為什麼這麼容易受影響，因為我知道，我的壓力反應，是我內在系統告訴我：我們準備要跨到下一階段了。」

這就是再建模的最終意義：你不是要消除壓力，而是學會聽懂它在說什麼。

當你能把壓力看作：

- 一個通知：你有在乎的事情
- 一個教練：你還有可以成長的區塊
- 一個能量：你即將開始新的行動

那麼，壓力就不再是讓你卡住的東西，而是讓你開始進步的點火器。

第八章
成為自己行為的設計師

第八章　成為自己行為的設計師

> ### 第一節　習慣不是時間累積，是「觸發＋回饋」設計：每天都做還沒變習慣，可能你少了設計感

為什麼你天天做，卻遲遲養不成習慣？

張惠瑜是一位法律事務所的律師助理，因為長期坐辦公桌、作息不正常，醫生建議她每天做伸展與腹式呼吸運動。她告訴自己：「只要連續做 21 天，就會變習慣。」於是她在牆上貼了打勾表、下載了 APP 提醒、還設立了「自己對自己打卡制度」。

三週過去了，她真的天天做，但第 22 天，她晚回家沒做，第 23 天她想說「多睡一下補回來」，第 24 天她乾脆整天沒打開 APP。兩週後，這個計畫徹底消失，牆上的表格也被撕掉。

她懊惱地說：「我都做那麼多天了，為什麼還是沒有變成習慣？」

這是大多數人對「習慣」的誤解：以為重複夠久就能內化。

但事實上，根據行為科學與神經學研究，習慣不是靠天數疊出來的，而是靠觸發系統與回饋路徑設計出來的。

詹姆斯・克利爾（James Clear）在《原子習慣》中指出：「你不改變系統，行為就不會持久。」而 B. J. Fogg 也在「微習慣理論」中強調：「真正有效的習慣建立，不是靠意志力，而是靠精準的起點與即時的回饋設計。」

第一節　習慣不是時間累積，是「觸發＋回饋」設計：
　　　　每天都做還沒變習慣，可能你少了設計感

換句話說，習慣不是一條直線的時間賽跑，而是一個「被觸發－被完成－被強化」的循環系統。

習慣是行為工程，不是精神訓練

心理學家溫蒂・伍德（Wendy Wood）長年研究習慣行為形成，她的實驗發現：我們每天約有43％的行為不是透過思考進行選擇，而是來自自動化反應路徑。

也就是說，真正的習慣並不需要「下決定」，它是你的大腦在某個情境下自動啟動的反應。而這樣的反應有兩個關鍵要素：

- ◈ 觸發器（Trigger）—— 啟動行為的環境信號
- ◈ 回饋機制（Feedback）—— 讓行為之後有愉悅或獎勵感受

惠瑜每天做運動的行為雖然重複，但沒有固定的觸發環境（時間或事件不穩定），也沒有真正讓她感覺到立即的滿足（做完只是打勾，沒有任何情緒回饋）。因此她的大腦沒有形成「這件事值得自動啟動」的路徑。

這就像每天都搬磚卻沒看到牆成形，你自然就失去了動力。

沒有被設計過的行為，不會變成習慣；沒有回饋的行為，不會讓大腦想重複。

第八章　成為自己行為的設計師

有效習慣＝明確起點＋自動觸發＋正向回饋

惠瑜在接受行為設計師輔導後，重新設計了她的運動系統：

- 起點設定：改為「刷牙完後馬上做三個伸展動作」，不需決定時間、不依賴提醒，只綁定一個每天固定發生的事件
- 觸發裝置：在牙刷杯旁貼了小卡片寫「刷完做三招」，成為視覺觸發點
- 情緒回饋：每完成後播放一段她喜歡的旋律，作為自我獎賞，也讓身體與心理產生聯動愉悅

這樣一來，她不再靠「記得做」來維持習慣，而是透過場景與感官建立一條「行為－愉悅－期待」的神經路徑。

這種轉變的關鍵，不是多做幾次，而是讓身體與心理學會：這件事值得自動進行。

B. J. Fogg 將這個過程稱為「行為種子」，你只要埋下啟動點與回饋點，習慣的行為會自動在你生活中長出來。

習慣養不起來，是因為你的「循環」不完整

多數人建立習慣失敗，並非因為不夠努力，而是整個循環只做了一半。

請看以下錯誤習慣建立流程與有效習慣循環的對比：

第一節　習慣不是時間累積，是「觸發＋回饋」設計：
每天都做還沒變習慣，可能你少了設計感

項目	典型錯誤方式	有效習慣循環
起點定義	「下班回家後再說」	「打開門後就開始」或「飯後三分鐘開始」
觸發機制	使用 APP 提醒但容易忽略	視覺物件、固定事件綁定、空間引導
行為設計	設定太大目標（一次做 30 分鐘）	微目標（先做 1 分鐘，成功率高）
回饋策略	完成後無特殊感受	當下立即自我稱讚、輕音樂、簡短小獎勵
系統追蹤	全靠意志力維持	建立簡易視覺化進度板，或分享進度至信任群體

習慣不是靠大步走，而是靠循環設計清楚，讓大腦樂於重複。

而這樣的設計，不是對自己要求變高，而是對行為工程變得更有智慧。

你不是缺乏自律，而是還沒開始設計自己的行為環境

惠瑜在三個月後已能穩定維持每日伸展與呼吸練習，且不再需要 APP 提醒。她說：「我發現，原來問題不是我做不到，而是我太用力去『提醒自己』，卻沒有去設計一個讓自己自然做到的環境。」

這就是習慣的本質轉變——從靠意志力，變成靠設計力；從靠記性，變成靠場景；從靠約束，變成靠流暢。

第八章　成為自己行為的設計師

習慣不是靠自我說服,而是靠以下三件事:

◆ **讓行為變小到你無法拒絕**(例如 1 分鐘也算完成)
◆ **讓觸發點明確到你無需思考**(例如綁定刷牙或泡咖啡)
◆ **讓回饋變好玩到你想再來一次**(例如聽喜歡的音樂、寫一句給自己的話)

當你有了這樣的系統,你會發現:行為開始「自己長出來」。你不是硬撐著每天記得做,而是你身體會自動說:「這時候是我們要做的事了。」

你真正需要的,不是更強的紀律,而是更懂得設計你自己的人生流程。

第二節　為什麼你改不了壞習慣?不是你不夠堅持,而是它已經變成你的安全機制

你不是沒決心,而是「壞習慣」在保護你

林宥辰是一位醫療產業的行銷經理,對外看起來專業、自律,對內卻常陷入一個他稱為「深夜失控循環」的行為迴路。每晚 10 點他準備關機休息,卻總會習慣性打開影音平臺,一看就是兩三個小時,隔天精神萎靡,對自己滿是懊惱。

第二節　為什麼你改不了壞習慣？
不是你不夠堅持，而是它已經變成你的安全機制

他明明知道這樣不好，也試過戒手機、早睡挑戰、時間管理表單，但都維持不到一週。他對自己說：「我就是自制力差。」但心理師卻告訴他：「這不是懶惰或放縱，而是你的大腦在透過這個行為逃避某種壓力。」

這句話讓他愣住了。他從來沒有把壞習慣視為「保護系統」，而只當作「缺點」或「軟弱」。

其實，每一個壞習慣的背後，都是一種心理代償結構。

你之所以改不掉，並不是因為你不夠堅持，而是因為它正在幫你處理你尚未意識到的情緒與壓力。

壞習慣不是反叛，而是大腦在說：「我需要紓壓、我需要逃避、我需要控制感。」

當你不理解這個訊號，就只能跟自己的行為「拔河」，卻始終贏不了。

壞習慣是一個「問題處理錯位」的行為模式

美國記者查爾斯・第希格（Charles Duhigg）在《為什麼我們這樣生活，那樣工作？》中指出，每個習慣都是由觸發（**cue**）、行為（**routine**）、獎賞（**reward**）三要素組成。當我們無法改掉壞習慣時，真正卡住的不是「行為本身」，而是它給我們的獎賞太重要，甚至無可取代。

宥辰的深夜看片行為，表面看起來像是放空，其實是在提

供他一種「我還掌握一點自由時間」的錯覺。因為他白天行程滿滿，從早開會到晚簡報，幾乎沒有任何自己節奏的時間。

而這段深夜自由時間，正是他的「情緒釋壓出口」。你要他把這段時間拿掉，就像要他從早到晚完全沒有喘息。

這不是不合理，而是這個壞習慣正在替他完成「心理喘息」的功能。

所以你改不掉的，不是習慣本身，而是你還沒找到替代它的情緒處理機制。

你試圖砍掉壞習慣，但沒有補上新的安全感

社會學家 B. J. Fogg 指出：「壞習慣很少是無意義的，它們背後總有某種你尚未意識到的心理需求。」這些需求可能是：

- ◆ 情緒穩定感（如抽菸讓你冷靜）
- ◆ 可預測性（如暴飲暴食給你熟悉的滿足）
- ◆ 獨處或自我連結（如滑手機讓你覺得掌握時間）
- ◆ 關係逃避（如拖延讓你避免即將到來的衝突）

宥辰的問題不在於影音，而在於他沒有「屬於自己的節奏與空白感」。所以與其強制停止看片，他與心理師設計一個替代機制：

- ◆ 每天下午安排一段「雜訊時段」，可做任何無產出的事

第二節　為什麼你改不了壞習慣？
不是你不夠堅持，而是它已經變成你的安全機制

- 睡前保留 15 分鐘非螢幕型放鬆（寫字、泡澡、聽音樂）
- 建立「轉場儀式」讓大腦知道「白天結束了，現在進入安全模式」

三週後，他自然不再急於晚間開啟平臺，而是開始享受那段「可控而放鬆」的節奏。

壞習慣要成功轉化，靠的不是壓抑或責備，而是替代與重新連結安全感來源。

不該問「我要怎麼砍掉它」，而是問「它替我處理了什麼？」

如果你一直困在某個壞習慣裡，不妨問自己以下五個問題：

- 它出現在哪些時間與場景？
- 它出現前，我通常正在經歷什麼壓力？
- 它完成後，我有沒有某種被釋放或滿足的感覺？
- 如果不做這件事，我最怕面對的是什麼？
- 它是否替我處理了某種我還沒面對的情緒或關係困境？

你會發現，那些你以為「只是壞習慣」的行為，實際上是你大腦替你建構的「緊急修補模式」。

你討厭它，卻又需要它；你想改變它，但卻又擔心失去它帶來的安定感。

第八章　成為自己行為的設計師

這時候，你要做的，不是拔掉，而是先看清它的作用，然後再設計「替代演算法」。

真正的轉變，不是砍掉壞習慣，而是進化你的行為系統

宥辰現在仍會偶爾點開平臺，但他已不再困在「不看會焦慮、看了又懊惱」的惡性循環。他知道，他需要的是讓大腦知道「我已經被照顧了」，而不是靠過度刺激來證明自己還活著。

他將習慣轉化定義為：「把原本用來逃避壓力的行為，轉變成能夠支撐我的節奏。」

壞習慣不會一次消失，它會被設計成另一條更可持續的路徑，只要你願意這樣做：

◆ 承認它其實有功能，不再否定自己
◆ 找出它背後的情緒補償或心理依賴
◆ 慢慢設計「相同功能但更健康」的替代行為
◆ 給自己空間與彈性，允許過渡期的反覆
◆ 設計自我肯定與追蹤系統，不靠成效才值得驕傲

這不是意志力挑戰，而是你開始成為你行為系統的設計者。

壞習慣不可怕，它只是你內在正在說：「我還沒找到更好的辦法。」

你可以從今天起，成為那個找到新方法的人。

第三節　設計你的情境誘發點：
　　　　不是你不努力，
　　　　是你沒站在對的環境裡開始行動

與其強迫自己做，不如讓環境幫你啟動

林祐庭是一名企業內部講師，每年要設計上百堂教育訓練課程。他一直想養成「每天早上寫一小段反思日記」的習慣，據說這能提升創造力與自我覺察。但實際執行上，他總是坐在書桌前發呆、分心、乾脆去看手機。

他試過早起、下載習慣追蹤 APP，甚至報名 30 天挑戰營，但仍維持不到一週。他說：「不是我不想做，而是我不知道為什麼就是開始不了。」

這樣的困境並不稀奇。根據 BJ Fogg 的行為模型，行為是否發生，取決於三要素的交會：動機（**Motivation**）、能力（**Ability**）與觸發器（**Prompt**）。

而其中，最容易被忽略的，正是「觸發器」的設計。

換句話說，你之所以無法啟動行動，不是因為你沒意志力，而是你的環境沒有給你正確的啟動信號。

環境不是背景，它是習慣的第一步驟。如果沒有正確的「情境誘發點」，即使你再有意願，也會卡在「開始不了」的困境中。

203

第八章　成為自己行為的設計師

習慣的入口，不該靠記憶，
而是靠設計過的環境訊號

心理學家庫爾特・勒溫（Kurt Lewin）曾說：「行為是人與環境的函數。」這句話的意思是，你做什麼，不是你決定的，而是你的環境默默推你做的。

如果你總是邊吃早餐邊滑手機，那不是因為你懶，而是因為「手機就在桌上」；

如果你一打開電腦就開始查看社群網站，那是因為「你的預設首頁就是那個頁面」。

習慣的觸發，其實藏在一個個看似無害卻極具引導力的情境中。

祐庭後來接受行為教練建議，重新設計他的「晨間書寫環境」：

- ◆ 將筆記本放在床邊，而非書桌上
- ◆ 每晚睡前打開筆記本，讓它成為視覺預期
- ◆ 將手機放置在離床三公尺的書櫃上，必須起身才能使用
- ◆ 在筆記本旁放上香氛與喜歡的書封面，建立情感正向連結

這些不是在「提醒」他做，而是讓他一醒來就自然而然地進入那個行為情境裡。

當行為與環境緊密結合，大腦就不需要思考，只需要照著設計走。

第三節　設計你的情境誘發點：
不是你不努力，是你沒站在對的環境裡開始行動

「環境綁定」是最強的習慣觸發器

許多人無法形成穩定習慣，是因為他們太依賴「行為清單」，而不是設計「行為場景」。

但真正有效的習慣，是來自將行為綁定在特定的情境中。

這就是行為科學中常說的情境依賴（context-dependent memory）：你在哪裡、看到什麼、身體如何感覺，會決定你會不會做這件事。

以下是幾種有效的「情境誘發點」設計原則：

類型	誘發方式	範例
空間綁定	將行為指定在特定地點	只在餐桌閱讀紙本書，不在床上看影片
物件綁定	將物品視為行為觸發	看見瑜珈墊就做5分鐘伸展
時間綁定	綁定特定時間點	晨間喝完咖啡立刻打開筆記寫兩句話
行為綁定	前一個動作觸發下一個動作	刷牙後做三次深呼吸、洗完澡後冥想一分鐘
情緒綁定	在特定心情時設定引導機制	每當焦慮升起就打開特定音樂或寫情緒日記

祐庭說：「我原本以為自己缺的是動力，後來才發現我缺的是『我在做什麼』這個清楚的啟動訊號。」

當你把行為交給環境來觸發，你就不需要再跟自己拔河。

第八章　成為自己行為的設計師

好習慣要進得了場，壞習慣要出不了門

除了創造正向行為的情境入口，設計情境誘發點也可以用來阻斷壞習慣的啟動機制。

例如：

- ◆ 想要減少滑手機：把手機充電線移到書房、睡前插電後就不再碰
- ◆ 想要減少宵夜：不在冰箱放任何高糖食品，只留茶水與蔬菜棒
- ◆ 想要減少社群分心：將 Facebook 書籤從首頁移除、改為深層資料夾，增加接觸阻力

這些設計看似小，但卻能有效打破自動化啟動的迴路。

根據環境行為研究，只要讓習慣啟動的時間延遲 3 秒以上，行為完成的機率會下降約 **40%**。

祐庭也為自己設計了一個「環境預警系統」：

- ◆ 當自己打開網頁準備滑社群，就故意去廁所洗手
- ◆ 當想查看 Email 時，先站起來繞一圈再回來

這些微小行為可以打斷原本的自動啟動鏈，讓自己重新進入覺察狀態。

行為養成的關鍵不是戰勝誘惑，而是讓誘惑自動遠離；不是多麼能控制自己，而是你能不能改寫啟動條件。

第三節　設計你的情境誘發點：
不是你不努力，是你沒站在對的環境裡開始行動

你行為的模樣，就是你環境設計的結果

祐庭後來成功建立了晨間書寫習慣，也不再需要每日自我說服。他說：「現在我只要坐下來，看到那張桌面與那本筆記本，我的大腦就知道該做什麼。」

這就是環境驅動習慣形成的力量。真正有效的行為改變，不是來自反覆提醒，而是來自觸發設計與路徑引導。

最後，給習慣設計者的五句提醒：

◆ 你不用靠記憶執行習慣，要靠環境。
◆ 不要問「我要多有紀律」，要問「我在哪裡會自然做到？」
◆ 每一個你看得見的東西，都在引導你往某個行為走。
◆ 設計進場，也要設計退場。不要只建入口，要管出口。
◆ 習慣的堅持不是意志，而是「不思考就會開始」的狀態。

你不是懶惰，也不是不自律，你只是還沒幫你的好行為，找到正確的啟動舞臺。

讓環境替你出手，那些你一直做不到的事，就會慢慢自然發生。

第四節　心理行為迴路的重編原則：
　　　當你的反應變自覺，
　　　行為才開始有選擇權

習慣不是記憶，是大腦的自動捷徑

許安恬是一位剛轉職為自由工作者的品牌策略顧問，她想要培養「每日輸出內容 30 分鐘」的習慣，來維持個人專業品牌曝光。剛開始兩三天她都準時打開筆電、開始打字，但一週後她又陷入常見循環：拖延、焦慮、分心、然後對自己失望。

她說：「我知道這對我重要，也知道該做，但我不知道為什麼就是無法穩定。」

這其實並不是「沒有紀律」的問題，而是她的大腦尚未建立好一條新的行為神經迴路，來支撐這項新習慣。

行為科學指出，習慣是由一組稱為「刺激－反應－獎賞」的神經迴路構成。這不是單次意志的結果，而是反覆形成的自動模式。

根據查爾斯・第希格在（2012）在《為什麼我們這樣生活，那樣工作？》中的習慣迴路模型，我們可以將任何行為分為三個環節：

- ◆　**線索（Cue）**：啟動習慣的觸發刺激
- ◆　**常規（Routine）**：特定的行為反應

第四節　心理行為迴路的重編原則：
　　　　當你的反應變自覺，行為才開始有選擇權

◈ **獎賞（Reward）**：讓大腦願意再次重複的愉悅感受

而真正導致人無法建立新行為或改掉壞習慣的根源在於：舊的迴路仍在運作，而新的還沒有足夠強化。

行為不是記憶的堆疊，而是神經路徑的路線優化。你越常走某條路，它就越順，直到你不再需要想，身體就會帶你去。

你做的不是選擇，是你神經系統的預設反應

當安恬打開筆電的同時，她的舊有迴路是：開瀏覽器→打開 YouTube →邊看邊滑社群→時間流失。她以為自己在「選擇放鬆」，其實那是大腦最熟悉、最輕鬆的神經路徑。

這就像你從家裡出門，腳會自動帶你走往常上班的捷徑，即使你今天其實該去醫院。

大腦不是懶，而是為了節省能量會重複它最熟悉的反應序列。

神經科學研究指出，當一段行為被反覆實踐超過 20 次，對應的神經元就會形成「樞紐迴路」，進而形成不需意識介入即可啟動的反射性行為。

所以你想改掉一個舊習慣或開始一個新行為，靠的就不再只是決心，而是要進行完整的神經行為路徑重建工程。

這包括：

◈ 拆解舊有的觸發點與反應模式
◈ 建立新的行為鏈接與強化點

◆ 替換舊路徑而非硬性阻斷

這不只是改變一個動作,而是在大腦中「重鋪一條新路」,讓它變成你未來自動會走的方向。

重編行為迴路的第一步:辨識舊路線的完整架構

要進行行為重編,第一步不是「我想變成誰」,而是先認清:「我目前怎麼做的?」

安恬在教練的引導下,開始做一份「行為鏈路盤點表」:

行為階段	發生條件	我的反應	事後感受
打開電腦	上午10:00,喝完咖啡	開網頁、點YouTube首頁	放鬆→焦慮→空虛感
想開始寫東西	意識到自己拖延,準備工作	開簡報→打幾行→又點社群	分心→疲累→放棄
完成後未追蹤	忙完後想記錄進度但沒記錄	告訴自己等會再做	隔天忘記→挫敗→重來

這樣的拆解不是為了批判,而是找出每一個舊迴路的觸發與回饋點。

一旦你能看見舊路徑的起點與終點,你就能開始插入「新路線替代物」,進行重構。

第四節　心理行為迴路的重編原則：
當你的反應變自覺，行為才開始有選擇權

重編的關鍵：用新反應取代舊模式，而不是阻止它

你無法只靠壓抑來停止舊習慣，因為大腦不會空白，它只能用新模式取代原模式。

所以安恬將她原本的行為流程這樣重建：

原行為段落	新替代反應	強化策略
開筆電後→ 打開 YouTube	改為開啟寫作計時器 App	開啟計時後自動播放輕音樂作為回饋
分心→ 社群網站	設定瀏覽器擋網頁功能＋番茄鐘倒數	每完成 25 分鐘寫作就喝一杯喜歡的茶
完成未記錄→ 忘記進度	打開 Notion 寫一句「我今天完成了……」	寫完後截圖並貼到自己的 Telegram 群組

這些設計不是強迫，而是引導大腦建立新的愉悅迴路。

她不再靠責備自己「又拖延了」，而是讓自己「更容易成功地進入狀態」。

這就是習慣重編的原則：改路徑，不改人格；設計誘發，不靠意志。

當你能覺察反應，你就有選擇權

安恬現在仍會偶爾想滑社群、偶爾拖延、偶爾找理由休息，但她說：「我已經能知道那是什麼在發作，也知道我有別的選項可以選。」

第八章　成為自己行為的設計師

這就是心理行為迴路重編後最大的改變 —— 你不再是習慣的奴隸，而是行為的設計者。

最後，給你五個行為重編的實用指引：

- **別阻止反應，請替代它**：不再滑手機？那你準備要滑什麼？
- **將起點定義成動作，而非模糊時間**：「晚上寫作」不如「洗完澡後寫 5 句話」
- **建立回饋感，不要冷冰冰地打卡**：讓自己每次完成後有微快感（音樂、香氣、動作）
- **每日複習你的新路徑**：習慣是你每天在大腦裡畫的一條新地圖
- **當你能說出「我在自動反應」，你就正在改變它**：語言的覺察是神經轉化的起點

你不是沒意志力，而是你的大腦只知道舊的那條路。

從現在開始，你可以親手為它鋪一條新的 —— 一條讓你真正走向理想狀態的路。

第五節　替代行為的建立練習：
你無法只靠「不做」，
你需要一個「改做」的版本

改掉一個壞習慣，不是終止，而是重新導流

吳柏成是一位保險業務主管，工作強度大、人際互動密集，日常壓力幾乎無處不在。他有個讓他困擾多年的習慣——情緒一上來就會猛吃零食，有時是一整包洋芋片，有時是深夜全家便利店的甜點。他當然知道這樣對健康不好，體重也因此上升，但他試過忍耐、丟掉零食、立志斷糖，全都無效。

他說：「我真的想戒，但我就是做不到。每次壓力來的時候，我腦袋都知道不要，但手已經打開包裝了。」

這正是壞習慣「被動模式」最典型的樣貌。

想要改掉這種深根的自動化行為，關鍵並不是硬生生地強制終止，而是必須找到一個行為上可以自然遞補的「替代選項」。

根據行為心理學的原則，「任何一個深層習慣行為，都是大腦在尋找一種情緒結果的捷徑。」你無法只是刪除這條捷徑，除非你能給它另一條一樣容易走、也能通往類似滿足感的路。

這就是替代行為建立的核心目標：不是抹去，而是替換；不是壓抑，而是重導。

213

第八章　成為自己行為的設計師

找出習慣的「功能」，才能知道該怎麼替代它

壞習慣不是沒有用，它只是功能錯位。

柏成的深夜暴食不是單純為了吃，而是為了：

- ◆ 紓壓（轉移情緒）
- ◆ 自主感（白天都在配合別人，這是他唯一「自己做主」的時刻）
- ◆ 滿足感（甜味能立刻釋放多巴胺，讓焦躁瞬間沉下來）

他試圖強迫自己戒糖，結果反而讓情緒無出口、壓力加倍、挫敗感更深。

心理學家瑪莎·萊恩漢（Marsha Linehan）提出「技能替代原則」：所有具破壞性或非建設性行為，都有其正向功能，只是形式錯誤。我們不能僅「停止」行為，而必須找出其正向功能後，進行替代行為的重建。

柏成開始回頭問自己：「我吃零食，是為了解決什麼問題？」

這個問題一打開，他發現自己真正要處理的，是壓力釋放感＋自我掌控感。

如果這兩件事能透過別的行為達成，他就不再需要靠暴食來維持心理平衡。

第五節　替代行為的建立練習：
你無法只靠「不做」，你需要一個「改做」的版本

建立替代行為的四步驟：感受、功能、設計、實驗

透過教練輔導，柏成建立了一套「壞習慣替代行為設計流程」，分為以下四步驟：

1. 覺察當下感受 (Trigger Awareness)

他練習在每次想拿起零食前，先問自己：「我現在其實感覺怎麼樣？」並寫下當下三個詞。

例如：「累、焦慮、悶。」

這樣做的目的是幫助大腦進入非自動模式，將習慣反射轉為可覺察的狀態。

2. 辨識原行為功能 (Emotional Purpose)

接著問自己：「我做這件事，是想達成什麼情緒目的？」

例如：「我想放鬆，我想要一種甜味帶來的安全感。」

這一步是為了明確知道舊習慣真正補償的「心理空洞」是什麼。

3. 設計替代選項 (Behavioral Redirect)

根據上面目的，設計至少三種行為能達成類似效果。例如：

◈ 轉向洗熱水澡（提供身體舒緩與放鬆）
◈ 按摩耳後淋巴＋播放放鬆音樂（觸覺＋聽覺刺激）

第八章　成為自己行為的設計師

◆ 拿出一盒特選堅果搭配無糖茶（保有吃的行為，但控制內容與節奏）

這些行為要夠簡單、可立即啟動，且要有可見的滿足感或進度感，才能讓大腦願意轉向新路徑。

4. 設定小規模實驗期（Micro Experiment）

每種替代行為設一週試用期，每次實驗完給自己打分數（0～10）來評估是否有效。

例如：「今天改用熱茶＋放音樂，壓力減緩程度是 8 分。」

這讓行為從單純嘗試轉化為可追蹤、可分析的生活實驗。

透過這樣的流程，柏成不再每天上演「吃還是不吃」的內心劇場，而是變成：「今晚我選哪一種替代方案比較舒服？」

這不是「我要不要犯錯」，而是「我可以怎麼照顧自己」。

替代行為不只是動作替換，而是「心理劇本重寫」

替代行為不是換一種動作這麼簡單，它其實是重寫你過往的情緒處理劇本。

每一個舊習慣的劇本裡，都藏著一個訊息：「當你無助時，就做這個。」

替代行為的劇本則是：「當你需要支持時，這裡有更多選擇。」

柏成現在即使偶爾還是會吃點甜食，但他已不再陷入連續

第五節　替代行為的建立練習：
你無法只靠「不做」，你需要一個「改做」的版本

暴食與自責。他說：「我開始不是在對抗自己，而是在幫自己想出別的出路。」

這種轉變讓他從行為的被動者，變成行為的設計者。他不再相信「一口氣改掉」，而是學會了「一步步替換」。這樣的行為，不但更持久，也更溫柔。

改變從來不是一場清零革命，而是一場系統再設計

你不能靠「不要」去創造改變，你要靠「改做什麼」來改變。

以下是一張「壞習慣替代設計表」可供使用：

壞習慣	當下感受	行為功能	替代方案一	替代方案二
晚上滑手機過久	無聊、焦慮、空虛	想連結、想放鬆	聽語音書＋蓋上眼罩	打給朋友聊十分鐘
情緒來就吃東西	憤怒、疲憊	找慰藉、找控制感	熱毛巾敷臉＋伸展五分鐘	做兩頁情緒寫作＋點香氛燈
拖延工作	不確定、怕失敗	減壓、保護自尊	切割任務＋番茄時鐘	說出「我現在需要五分鐘」

你不能只砍掉壞習慣，你要給自己一個讓身心都能接受的新劇本。

那不會讓你瞬間完美，但會讓你漸漸自在。

你改的不是行為，而是對自己的照顧方式。

第六節　讓行為自動化的五步系統：
從刻意練習到無意識啟動的轉化機制

行為的最終目標，不是提醒自己做，而是自動做到

蔡思璇是一位剛進入醫院工作的實習醫師，白天要跑病房、處理病例，晚上還得準備期末報告與學術發表。她最大的痛點是：「明知道每天該運動、該寫日記、該準備資料，但回家之後腦袋就是一片空白。」

她試過 To-do 清單、倒數計時、社群打卡，但都撐不久。

直到某位學長對她說：「妳太努力把自己變成自律的人，但其實妳該做的是把行為設計成不用靠自律也會做的版本。」

這句話讓她停下來思考：「我每天都在逼自己，但有沒有可能換一條路，讓自己不必再逼？」

這正是行為設計學的核心觀點：真正的好行為，不是靠意志力維持，而是靠環境與系統讓它自然發生。

要做到這一點，你需要一套讓行為從刻意變自動的流程，而不是每天對自己喊加油。

以下就是這套流程：五步驟行為自動化系統。

第六節　讓行為自動化的五步系統：從刻意練習到無意識啟動的轉化機制

第一步：建立「起點設計」而不是目標

多數人在養成行為時會說：「我要每天寫 500 字」、「我要早起」、「我要練習英語一小時」。

但這些都是終點式設計，它要求你完成一個結果，而非啟動一個動作。

思璇後來不再說「我要運動 20 分鐘」，而是：「我起床後先做一個深蹲。」

因為她明白：真正的習慣不是從目標開始，而是從啟動開始。

這就是「微行為啟動」原則：

- 把一個目標，拆成一個你「不可能拒絕」的最小單位
- 起點動作設計得足夠小（1 分鐘、1 步驟）
- 和日常已存在的動作綁在一起（如刷牙後、煮水時）

例：

- 書寫習慣起點→開筆記軟體＋輸入日期
- 運動習慣起點→換上運動服＋走出房門
- 英文閱讀起點→打開 APP ＋唸一句句子

記住，你不需要「有時間才能開始」，你只需要讓開始這件事變得容易。

第二步：綁定觸發點，讓環境替你記得

行為之所以會自動，是因為它有「固定的觸發信號」。

你不是忘記做，而是你的環境沒幫你記得。

在前幾節我們提過，行為發生的第一要素是「**Cue**」── 提示訊號。

但不是任何提醒都有效。最有效的觸發點來自以下三類：

◆ **物理綁定**：讓道具出現在你看得見的地方（如：瑜伽墊放在床邊）

◆ **行為綁定**：把新行為綁在舊習慣之後（如：刷牙後冥想一分鐘）

◆ **時間綁定**：在固定時間做固定行為（如：中午飯後走樓梯）

思璇把寫作這件事設為「回到宿舍換衣服後，打開筆電輸入一行日記」── 不是靠提醒，而是靠「場景已經會觸發」的設計。

問自己：「我每天固定做的事是什麼？我能不能把新行為貼上去？」

◆ 避免依賴手機提醒，因為人類會對重複性通知產生「提醒疲乏」

◆ 最好的觸發，是**不需提醒而自然發生的生活節點**

第六節　讓行為自動化的五步系統：
從刻意練習到無意識啟動的轉化機制

第三步：設計即時回饋，讓大腦想要重複

詹姆斯・克利爾在《原子習慣》中提到：「人類重複行為的唯一動機，是因為它曾經帶來好感。」

換句話說，你的行為若完成後「沒有立即獎賞」，大腦不會想再來一次。

所以，思璇開始在每次完成動作後，進行「微快感回饋」設計：

- 每寫完一段日記就播放一首喜歡的旋律
- 運動完就沖熱水澡＋喝椰子水
- 寫作時使用香氛蠟燭，讓大腦連結「這件事有好感」

這些小回饋不是物質獎勵，而是身心感覺上的愉悅強化。

好的行為回饋機制需具備：

- 當下即時
- 無需額外獎品
- 能引發自我肯定、自我滿足或身體舒緩

第四步：記錄與視覺化，建立心理成就累積

習慣要能延續，需要一種「我有在進步」的心理成就感。

你可以：

第八章　成為自己行為的設計師

- 記錄天數（但不要把斷掉當成失敗）
- 使用打卡表、月曆勾選、進度軸等視覺回饋
- 每完成一次行為就寫一句「今天我做到了……」

思璇用「三行成就日記」記下每日自我肯定，不求多，但要有。

這些視覺成就不只是紀錄，它們是給大腦看的「我正在成為某個人」的證明。

關鍵不是完美紀律，而是讓你有機會看見自己的軌跡與累積感。

第五步：設計復原點，而不是追求不中斷

多數人習慣建立的失敗，並不是因為「中斷了」，而是因為「中斷後就放棄了」。

你需要的不是完美紀錄，而是中斷後有明確的復原機制。

思璇給自己的原則是：

- 斷三天內，一律可以自動接續，無罪惡感
- 設定「失敗日處理流程」：寫一句自我安慰語＋列明天的計畫
- 每週一次進度檢視，不做總結，只做「下一步」規劃

這些設計讓她從「全或無」思維，轉向「永遠可以回來」思維。

第六節　讓行為自動化的五步系統：從刻意練習到無意識啟動的轉化機制

這才是長期行為穩定的心理機制。

不是你不中斷才成功，而是你總能回來才穩定。

真正穩定的習慣，不是靠你變強，而是靠設計變聰明

思璇現在不再用「今天我有沒有做到」來判斷自己，而是問：「今天這套系統有沒有幫到我？」

她說：「我不再追求紀律完美，而是追求讓我自己更容易做到的設計。」

這五步驟，不是意志力訓練，而是一種溫和、實用、且可複製的行為系統再設計：

- 從起點開始設計，而非只看目標
- 用環境做觸發，不靠意志力記得
- 設計即時回饋，讓大腦愛上重複
- 建立視覺化成就感，給自己證據
- 允許中斷與回歸，讓你不怕失敗

當你掌握了這套系統，你就不只是養成習慣，而是成為一個能為自己建立新行為的系統設計者。

第八章　成為自己行為的設計師

第九章
別人怎麼看你，
決定你的人際能量走向

第九章　別人怎麼看你，決定你的人際能量走向

第一節　印象管理：
你的行為有沒有對上別人的期待？

你以為別人看到的是努力，其實他們感受到的是情緒

陳雯庭是一位升任不久的產品經理，從工程部門橫移到管理崗位，帶領的團隊裡有三分之二是年資比她久的同事。她每天早到晚退、事事親力親為，甚至幫團隊成員寫簡報、做彙整，以為這樣能建立威信與信任。

但三個月後，她接到上層回饋：「團隊似乎對妳的領導方式有些微詞，有人覺得妳控制太多、不信任人。」

她聽了錯愕又委屈：「我明明做這麼多，是為了讓大家輕鬆一點，為什麼他們覺得我不好合作？」

這是典型的印象管理落差—— 你想傳達的是「我負責任」，但別人接收到的卻是「你太強勢、不放手」。

在社會互動裡，我們每一個人都是「訊號輸出者」，同時也是「他人心中的影像創作者」。你不是你說你是誰，而是你被看起來像誰。

印象管理，就是你能否掌握這個過程：你的外在行為，有沒有對上別人內在的角色期待？

第一節　印象管理：
你的行為有沒有對上別人的期待？

印象不是形象，是互動中被默認的角色扮演

社會學家厄文・高夫曼（Erving Goffman）在其著作《日常生活中的自我呈現》中，提出「前臺行為」（front stage behavior）概念，認為我們在人際關係中，不斷根據社會角色，演出符合期待的行為劇本。

印象管理，就是在這場「無聲表演」中，操控你的語氣、動作、話語選擇、表情與回應速度，來維持你希望對方接受的自我形象。

這不是虛假，而是每一段關係都必須進行的角色協調。

雯庭在工程時期養成「我做得多＝表現好」的邏輯，但她沒注意到，當她把這套行為延伸到團隊管理時，別人解讀的是：「你不讓我們發揮」、「你什麼都要管」，甚至：「你沒有給我們被信任的空間。」

也就是說，她輸出的訊號「我很努力」，但對方接收的訊號是「你不放心我」。

印象管理的本質，不是迎合別人，而是理解別人預期的角色框架，再決定怎麼與它對話。

人際期待是無聲的，但後果卻是實際的

在一場會議裡，當你發言語速過快、太多細節，主管可能解讀為：「你還不會抓重點」；

第九章　別人怎麼看你，決定你的人際能量走向

當你過度補充細節與風險，同事可能會以為：「你太焦慮，不敢定案」；

當你太熱心幫忙安排他人行程，朋友可能覺得：「你是不是有點控制欲？」

這些反應不是你主動設計出來的，而是他人在腦中根據自己的經驗、文化與預期自動建構的印象投射。

心理學中稱之為「印象推論效應」：他人根據你特定行為，快速構建你整體人格的假設框架。例如：一個人遲到一次，便被歸類為「不守時」；一個人發言含糊，便被視為「不專業」。

也因此，你的印象不是由一次表現建立，而是由一系列細節堆疊、放大與定型。

雯庭後來明白，她要建立的不是「我做很多」，而是「我讓大家感受到彼此被尊重」。於是她開始：

- 在討論中提問而非給答案：「你對這個做法有沒有不同看法？」
- 說明她做某事的意圖：「我補充這個資料，是希望能讓你提案時更有說服力。」
- 在會議結束後讓成員自行總結，而不是她來下結論：「我們今天的方向你來收尾，我想聽你怎麼詮釋。」

這些調整讓她的團隊開始感受到「她信任我們」，而非「她管我們」。

第一節　印象管理：
你的行為有沒有對上別人的期待？

真正有效的印象管理，
是讓對方看見「他在你心中的位置」

你無法控制別人怎麼看你，但你可以設計對方怎麼感覺「你看他」。

換句話說，比起表現自己，你能不能讓對方感覺「自己被重視」更重要。

雯庭在一次一對一的溝通中，聽見一位資深同仁說：「我不是不尊重妳，我只是還不確定我在這裡的角色。」這句話讓她驚覺，原來印象管理的重點，不只是「我怎麼被看見」，更是「我讓別人看見什麼」。

於是她開始使用以下「角色回饋語言」：

- 「這個部分我很依賴你的經驗，我想聽你的判斷。」
- 「你這週處理得很好，下次我可以更放心交給你。」
- 「我知道我一開始太緊繃，謝謝你願意提醒我節奏可以調一點。」

這些話語不只是溫柔，更是在互動中賦予對方角色感與存在感。

而當對方感受到「你看見我」，他也會更願意接受你希望被看見的樣子。

好的印象管理，不是操控，而是誠實＋設計＋溝通

印象不是虛構，它是你每天在真實互動中產生的結果。你不用討好世界，但你需要知道：

- 你希望別人怎麼看你
- 你當下的行為有沒有支持這個印象
- 別人目前接收到的版本與你想呈現的版本有多少落差
- 你能不能透過微調行為、調整語言，來「校正印象投射」

印象管理不是要你演戲，而是讓你用更清楚的方式，讓別人看見你想被看見的版本。

總結來說，有效的印象管理包含三個步驟：

步驟	問題	行為轉譯
自我覺察	我想被當成什麼樣的人？	我是否在行為上符合這個形象？
他人視角校準	對方目前對我的印象是什麼？	他們的解讀來自哪些細節？
溝通與設計	我要如何行為設計來調整這個落差？	該說什麼？該少做什麼？該放大什麼行為？

你不是為了討好別人而改變，而是為了讓你想成為的自己，被別人更容易辨識與理解。

這不是偽裝，而是成熟的自我表達設計。

第二節　初始定位：
你在社交中無聲定格的角色

你還沒開口，別人就已經替你命名了

李柏元是一位企業培訓顧問，剛轉型自媒體講師，開始接觸不同產業與圈層的客戶。在一次跨產業交流的聚會中，他自我介紹後很快被一位知名品牌創辦人拉去說：「你很適合做內容策略，我們最近缺一個案子主講人，要不要來提個案？」

當晚回家的路上，他感到驚訝又困惑：「我才剛講完自我介紹，對方怎麼會直接把我定義成『策略講師』？」

這其實不是偶然，而是他在剛出現時的「初始定位」已經被對方定格成某種角色。

人際關係的起點，從來不是你講什麼，而是別人怎麼標籤你。

這種標籤不是來自惡意，而是人類為了迅速處理社交資訊，所進行的自動分類行為。

心理學家蘇珊・菲斯克與雪莉・泰勒（Shelley E. Taylor）在社會認知理論中指出：

「人類的大腦在首次接觸一個人時，會根據外貌、語調、肢體與語境，在七秒內建構對方的『初步角色框架』，並以此進行後續互動的期待設置。」

第九章　別人怎麼看你，決定你的人際能量走向

這就是所謂的初始定位。它不是你決定的，而是你在進入他人視野時，自動產生的社交角色形象。

初始定位的形成，不是你說了什麼，而是你「像誰」

當柏元以「我是企業教練，專做說話訓練與商業表達」介紹自己時，對方並沒有認真聽他的每個詞，而是快速依據他的氣質、語言風格與場合背景對他做出「語用對位」。

◆ 他的穿著乾淨、筆直、有結構感→看起來像策略人而非行銷人

◆ 他講話條理分明、有條理→像顧問、不像講師

◆ 他參加的場合是創業圈社交→預設他來是想對接項目，而不是單純交流

這些元素疊加起來，對方的腦中立刻形成：「你是能幫我規劃品牌內容的人。」

即使柏元心中想強調的是「聲音表達」、「演講訓練」，但這些訊號被對方視為「附屬技能」，而不是主要身分。

這就是初始定位錯位的典型問題：你想被看成 A，對方卻認定你是 B。

原因不是你說錯，而是你輸出的訊號沒有與你想表達的角色核心對位。

第二節　初始定位：
你在社交中無聲定格的角色

社交裡，你會被「定格」在哪個角色位置？

在人際互動初期，每個人都會自動被放進某個角色原型中。以下是常見的初始社交定位：

角色原型	對應行為特徵	他人預期
專家／分析型	話語具邏輯、用詞嚴謹、動作精確	給建議、提分析、不適合情緒支援
領導／主導型	發言快、視線強、態度自信	主導議題、負責決定、不適合請教事情
支援／照顧型	微笑多、問問題多、主動傾聽	傾聽者、陪伴者、不適合提要求
藝術／創造型	衣著特殊、說話風格跳躍或自由	靈感來源、創意參考、不負責執行面
行政／執行型	穿著端正、回應守規矩、講話中性語句多	謹慎可靠、願意配合、但不主導創意

這些角色沒有好壞，但如果你長期落入一個「與你期望不一致的定位」，就會產生角色能量錯置與人際互動失衡。

柏元如果老被歸為「策略顧問」，就很難被邀請做「情境說話訓練」，除非他重新調整出場訊號、語言框架與行為暗示。

想改變你被看見的位置，你得從進場訊號開始換起

要改變他人對你的初始定位，不是靠「糾正對方」，而是要你在下一次出場時，調整你輸出的社交訊號設計。

第九章　別人怎麼看你，決定你的人際能量走向

以下是三個關鍵轉換策略：

1. 調整語言重心：從「做什麼」轉為「解決什麼問題」

人不會記得你的技能，但會記得你能幫上什麼忙。

- ◈ 錯誤示範：「我是資深業務顧問」
- ◈ 正確示範：「我協助企業讓業務在 30 秒內講出讓人想合作的版本」

這樣會讓對方立刻把你放進「結果導向者」的框架，而不是抽象的技能工作者。

2. 調整語調與語速：呈現你要扮演的角色能量

- ◈ 想當領導→講話慢、語尾斷句清楚、使用結構標示語（首先、然後、我的立場是）
- ◈ 想當支援者→講話輕柔、有鏡像反應、語尾帶情緒詞（你會不會覺得有點……）
- ◈ 想當創意者→講話充滿跳躍感、運用比喻、搭配表情與動作引導

你的聲音與說話節奏，就是你給出的第一張社交名片。

3. 設計你的出場行為場景

進入一個陌生場合時，最容易定格你定位的是「你第一個說的話」與「你停留在哪個位置」。

第二節　初始定位：
你在社交中無聲定格的角色

- 坐中間、開口提問者，會被視為主導型
- 坐角落、不主動互動者，會被視為觀察型
- 與主持人寒暄並開玩笑者，會被視為熟人型或社交橋梁

設計你在社交場合的「登場姿勢」，比你想像中更有影響力。

你可以是誰，取決於你如何開場

柏元現在每次進入新社交圈，都會先在腦中設計：「這次我要讓大家感覺我是一個怎樣的人？」

他說：「不是我演戲，而是我主動決定我的角色是誰，而不是讓別人幫我亂發劇本。」

這就是成熟的角色管理心態──我不是為了被喜歡，而是為了被準確理解。

當你知道你想扮演什麼角色，並設計好你進場的說話方式、肢體節奏與語言表達，你就能主動掌握他人對你的第一層社交定義權。

記住，人不會主動給你想要的角色，你要自己走上去站好。

當你敢站出你希望被看見的樣子，別人才有機會，對焦到真正的你。

第三節　情緒風格影響人際磁場：你帶著什麼感覺進場，別人就帶著什麼感覺離場

有些人不說話就讓人想靠近，
有些人一開口就讓氣氛變冷

張柔君是一位醫院的高年資護理師，工作效率極高，是年輕人眼中的模範主管。但奇怪的是，當她被晉升為小組長後，組內氣氛卻變得明顯緊繃，新進同仁不敢在她面前輕鬆聊天，有時甚至連例行會議都異常沉默。

她不解地說：「我不是沒笑啊，也沒罵人，為什麼大家這麼怕我？」

後來她在一次內部領導力訓練中，被心理師一句話點醒：「你說的話沒問題，但你傳遞的情緒氛圍很難靠近。」

她才明白，影響人際吸引力的，往往不是語言，而是情緒風格。

心理學家丹尼爾・高曼在《EQ：決定一生幸福與成就的永恆力量》中指出，個人情緒狀態具有高度感染性，而你所習慣展現的情緒能量，將決定你在人群中的磁場是「吸引型」還是「排斥型」。

也就是說：你帶著什麼感覺進場，別人就會帶著什麼感覺離場。

第三節　情緒風格影響人際磁場：
你帶著什麼感覺進場，別人就帶著什麼感覺離場

情緒風格是一種無聲語言，決定你的人際反應圈

我們每個人身上都帶有一種「默默發射的情緒頻率」，它不來自你講了什麼，而來自你的語氣、臉部肌肉張力、微動作與呼吸節奏。

根據心理學家史蒂芬・波格斯的「多重迷走神經理論」（Polyvagal Theory），人類會不自覺地掃描彼此的面部肌肉與聲音頻率，以評估一個人是否值得信任與靠近。

這套掃描機制會自動產生社交安全感或防禦反應，而這一切都與你散發的情緒風格息息相關。

以下是常見的情緒風格與其對應人際反應：

情緒風格	非語言特徵	人際反應趨勢
緊張／焦慮型	眼神飄忽、講話急促、微笑短暫	他人易陷入「小心翼翼」互動模式
冷靜／穩定型	呼吸平穩、語速適中、聲音柔和	他人感到放鬆、安全、容易靠近
疲憊／淡漠型	無表情、語調平淡、回應延遲	他人產生「我是不是打擾你？」的感覺
熱情／活力型	微笑多、眼神有神、肢體自然開展	他人感受到「有生命感」並願意交流

柔君的問題不在說了什麼，而是她在無意中輸出了「壓力緊繃感」。

第九章　別人怎麼看你，決定你的人際能量走向

她每天眉頭微皺、步伐急促、回應快速且語氣一致，這些都在告訴別人：「我很忙、不要打擾我。」即使她心裡沒有這樣的意思，但情緒訊號早已先幫她說話。

你的磁場強不強，
來自你情緒風格的穩定性與回應力

一個人在人際互動中的磁場，並不等於他有沒有話題、是不是活潑，而是他能不能穩定地傳遞「我接得住你」的感覺。

情緒風格強者，通常具備以下三種心理特徵：

◆ **情緒一致性**：他講話時的表情、語氣與情境一致，讓人感覺誠懇與真實

◆ **情緒回應力**：他能根據他人情緒做出合適回應，不會情緒斷裂或無感

◆ **情緒共振性**：他能夠「與你一起」處在某個感覺裡，讓你不會覺得孤單

柔君後來學會在對話前深呼吸兩次、說話時刻意放慢語速、並用「開放式語句」啟動對話（例如：「你最近過得還順利嗎？」而非「你那件事好了沒？」）

這些不是技巧，而是她學會用自己的狀態去邀請別人安心靠近。

第三節　情緒風格影響人際磁場：
你帶著什麼感覺進場，別人就帶著什麼感覺離場

情緒風格可以被調整，
不是你天生就這樣

許多人會誤以為：「我個性就是這樣，我不太會表達溫度感。」但事實上，情緒風格不是性格，而是習慣。

你可以訓練自己怎麼在互動中呈現出更開放的姿態、更柔和的語氣、更能連結的態度。

這裡有三種「情緒風格訓練工具」，幫助你建立自己的磁場影響力：

1. 鏡前練習法

每天花 3 分鐘對著鏡子說話，觀察自己的語氣、表情與肢體，調整為自己也想靠近的樣子。

2. 情緒迴聲法

在對話中簡單回應對方的情緒句（例如：「聽起來這週真的讓你很煩。」），建立共感迴路。

3. 氣場設定儀式

在進入會議或社交前，用一句話自我設定今天的情緒樣態（如：「我今天要讓人感覺我值得信賴但不帶壓力。」）

這些微型設計能有效改變你在人群中的「情緒呈現值」，進而改變他人對你的能量感知。

第九章　別人怎麼看你，決定你的人際能量走向

讓人想靠近你，不是靠你變得更會說話，而是你讓人更有感覺

柔君現在不再一味要求效率與掌控，而是在互動中多留停頓、多一點表情變化，也更願意說「你覺得呢？」這樣的邀請語句。

她說：「我以前都覺得專業是冷靜與控制，現在我知道，真正的專業，是讓人能靠近你，然後信任你。」

這就是情緒風格的價值 —— 它不是你的外表，而是別人在你旁邊時的心理體感。

最後給你三個自我檢視的問題：

- ◆ 別人靠近你，是感到輕鬆還是緊張？
- ◆ 你說話時，是讓對方願意開口還是不敢接話？
- ◆ 你離開場合後，別人是否仍想留下來？

這些答案，不決定於你說了什麼，而決定於你給出怎樣的情緒氛圍。

你想吸引誰靠近你，就要先問：我散發的是值得被靠近的能量嗎？

第四節　說服力背後的三種心理槓桿：
　　　　不是話講得好，而是你打中了哪一種潛意識期待

你說的話能不能進去，
不靠邏輯，而靠心理的「感覺對了」

　　黃子慶是一位科技公司的業務主管，邏輯清晰、簡報能力強，每次提案內容都準備得滴水不漏，但他有個長年困惑：「為什麼我講得這麼完整，客戶還是無感？反而有些同事，資料少講得也不精準，卻更容易讓人點頭？」

　　他在一次跨部門簡報比稿中，明明內容最完整、數據最豐富，但最後高層選擇的是另一位講得比較直觀、充滿畫面感的同仁。

　　會後總經理只說了一句：「他說的東西，我腦袋裡有畫面；你說的東西，我知道你很專業，但我沒感覺。」

　　子慶終於意識到：說服力不是資訊輸出，而是心理接通。

　　根據社會心理學者羅伯特・西奧迪尼（Robert Cialdini）的研究，人的說服反應並非由邏輯先決，而是受到多重潛意識槓桿的影響。真正讓人點頭的，不是你講了什麼，而是你打中了什麼心理期待。

第九章　別人怎麼看你，決定你的人際能量走向

你說服不了對方，不是你不夠專業，而是你沒拉動他內心那條最容易啟動的反射開關。

說服槓桿一：認同感 ——「你是不是我們這一國？」

人類天性有一種心理機制：先分類，再聆聽。

這叫做社會認同偏誤，我們傾向於相信與我們相似的人，也更願意接受與我們背景、價值觀、語氣一致的建議。

子慶在簡報中過於強調「精準技術與產業術語」，卻忽略與聽眾建立情感或語言共識。

而同事開場時用了句：「你們現在最煩的是要怎麼在預算不變的狀況下創造新流量對吧？」

這句話立刻讓對方覺得：「你理解我」、「你跟我站在同一邊」。

這就是第一個說服槓桿：「我感覺你是我們自己人。」

如何建立認同感：

- 用對方熟悉的語言與框架說話
- 表達「我也經歷過／我了解你現在的位置」
- 重述對方問題，展現同理，不急著給方案

不是先給答案，而是先讓人願意把問題交給你。

第四節　說服力背後的三種心理槓桿：
不是話講得好，而是你打中了哪一種潛意識期待

說服槓桿二：確定感 ——
「你講的，我能想像我自己用得到嗎？」

當一個人接收資訊時，潛意識中會問：「這跟我有什麼關係？」、「我能用在哪裡？」

這是一種心理上的「可預期性渴望」。

心理學家 Richard E. Petty 與 John T. Cacioppo 提出的精細加工可能性模式（ELM）指出，人在面對說服資訊時，若感受到資訊與自己高度相關、容易想像與落地，將更可能啟動高層處理路徑並產生長效影響。

簡單來說：對方的腦袋裡要能「畫得出來」，才會願意點頭。

子慶的簡報裡有高密度數據、邏輯清晰流程，但沒有畫面、沒有場景、沒有「一週後我們怎麼用」的即時想像。

而他的同事用了故事、模擬情境與「三步驟你明天可以試」的語言，讓聽眾腦中直接形成「我懂怎麼做」的心理構圖。

這就是第二個說服槓桿：「你讓我看到我自己在裡面了。」

如何建立確定感：

◆ 使用敘事：從一個真實或虛擬情境切入
◆ 使用數據時加上轉譯：「這代表你每週可以省下多少？」
◆ 引導畫面：「假設你下週用這方法，你會先遇到……」

不要只告訴對方答案，要幫他們看到答案怎麼活在自己身上。

說服槓桿三：一致性 ——
「你講的，跟你表現出來的是同一個人嗎？」

說服不是內容而已，而是「你說的話與你這個人能不能對上。」

心理學家海德（Fritz Heider）的歸因理論（Attribution Theory）指出，人們在接收資訊時，不僅評估「這件事的內容」，還會評估「你這個人是否值得信任」、「你講這句話有沒有立場」、「你的表現跟你說的有沒有矛盾」。

子慶說自己重視客戶需求，但在簡報時全程盯著螢幕、未與客戶互動；他強調團隊合作，但在答辯時不讓夥伴說話。這些行為讓對方產生潛意識抵抗：「你講的沒錯，但我覺得你不會真的這樣做。」

這就是第三個說服槓桿：「你是不是我可以信任的人。」

如何建立一致性：

- 讓你的語言風格與肢體語言協調（講到開放就打開雙手、談壓力時降低語速）
- 不要誇大或與實際經驗背離（越誠實越有信服力）
- 用「我有做過／我也正在做」的語言來支撐你的說法

人會因為專業而注意你，但會因為一致而跟隨你。

第四節　說服力背後的三種心理槓桿：
不是話講得好，而是你打中了哪一種潛意識期待

真正的說服，是打開心，而不是壓服理智

子慶現在仍然是一位重視準備與邏輯的業務主管，但他學會：

◆ 用認同感開場（「你最常碰到的問題是⋯⋯對嗎？」）
◆ 用確定感鋪陳（「我來講個昨天客戶的真實場景」）
◆ 用一致性收尾（「我自己也是這樣做才有成效，所以才敢推薦給你」）

他說：「我不再只是準備資料，而是準備進入對方的心理系統。」

說服不是一場辯論賽，而是一場心理對位。

不是你多強，而是你有沒有對到對方的需求模式、接收方式與信任閘門。

三種槓桿，三個提問，讓你說的話進得了人心

心理槓桿	對應提問	關鍵語言設計
認同感	他感覺我是他人嗎？	「你會不會也有這種經驗⋯⋯」、「我們現在都遇到⋯⋯」
確定感	他能想像怎麼用在自己身上嗎？	「你可以這樣開始⋯⋯」、「我來示範一個狀況⋯⋯」
一致性	我說的話和我的人設／表現一致嗎？	「我自己怎麼做的⋯⋯」、「這不是理論，我也在用⋯⋯」

第九章　別人怎麼看你，決定你的人際能量走向

記得，真正的說服力從來不是「說得多有道理」，而是「讓對方感覺這是對他有道理。」

第五節　權威感不是來自地位，而是心理一致性：讓人信服的不是你說什麼，而是你活得像你說的樣子

為什麼有些人不必自我介紹，大家就願意聽他說？

廖智倫是一位軟體工程團隊的資深開發者，年資深、技術強，但他一直被忽略在決策核心之外。每次會議，他提出的建議邏輯都很清楚，卻常被主管一句「我們再觀察看看」草草帶過。相反地，有一位資歷較淺的同事，每次發言總是簡潔卻被點頭採納。

智倫內心氣憤又疑惑：「憑什麼他說的大家就聽？他只是說得比較有自信而已啊。」

這其實不是「自信」的問題，而是對方給出了強烈的「心理一致性」訊號。

他講話時的語調、語言、行為與平時的表現風格高度一致，因此讓人產生一種：「他活得像他說的那樣」的感受。

這正是「非地位型權威感」的心理根源——不是你身在什麼位置，而是你呈現出來的狀態是否一致、穩定、可信。

第五節　權威感不是來自地位，而是心理一致性：讓人信服的不是你說什麼，而是你活得像你說的樣子

權威感的第一來源：訊號一致性

社會心理學者艾伯特・麥拉賓（Albert Mehrabian）曾提出著名的「訊息一致性原則」，強調人在評估他人是否可信時，會綜合三項因素：

◆ **語言內容**（7%）
◆ **語音語調**（38%）
◆ **非語言表達，如表情、動作、姿態**（55%）

這三者若出現內部矛盾（如：說很確定但眼神飄忽；說自己有信心但語尾結巴），對方即便理性相信你，潛意識仍會產生不信任感。

智倫常在會議上強調：「我覺得這個做法可以嘗試。」但語氣遲疑、結尾語句偏模糊，加上平常私下常表現出「不愛表達」的低調特質，使他的發言即使合理，也很難形成權威感。

相對地，那位年輕同事的每一次發言都結構分明、語調明確、且與平日所展現的主動特質一致，讓人自然地把他歸為「可以信賴、可以交辦」的類型。

權威感不是來自你講話有多大聲，而是來自你說出來的話與你這個人能不能對上。

權威感的第二來源：行為與語言的「可預測性」

人在評估他人是否可信時，很大一部分其實是在評估：「這個人是不是我理解得了的？」

這就是心理一致性中的「預測穩定性」。

心理學家 Heider 的歸因理論指出，人們會對「行為與動機之間是否一致」進行快速判斷。當一個人行為風格穩定、立場清楚、表裡如一，他就會被視為「可信任者」；反之，則視為「風向型、不可靠者」。

智倫的另一個問題是，他在不同主管面前表現風格不同——對高層拘謹、對同事親民、對新人又熱情。這些不是錯誤，但他的社交風格變化過大，讓別人難以定義他的角色。

而權威的建立需要的是「我知道你大概會怎麼回應」，也就是行為的預期感與情境穩定性。

如何讓自己成為預測穩定者：

◆ 建立「語言風格一致性」，說話不忽快忽慢、不忽軟忽硬

◆ 對事情的態度持續表現出「這類我會支持／那類我會保留」的邏輯

◆ 出現分歧時，願意說：「這件事我這次改變想法的原因是……」

別人不是要你永遠不變，而是希望你說得出自己的標準，並活在你的標準裡。

第五節　權威感不是來自地位，而是心理一致性：
　　　　讓人信服的不是你說什麼，而是你活得像你說的樣子

權威感的第三來源：做過、在做、還在持續做

比起一個只會分析的人，人更容易被「正在行動中」的人所說服。

這是一致性與實踐力結合的高信任模型。

社會心理學者西奧迪尼提過：「人們傾向相信那些行為與說法能夠同步的人，因為這樣的人讓我們無需多想。」

換句話說，你在說的，不該只是你知道的，而應該是你正在做的。

智倫後來學會，每次他提出建議時，不只講方法，而是加一句：「我們在某個專案已經這樣做三週了，目前這樣回饋。」這樣的說法讓主管與團隊立刻感受到：「他不只是分析，是實際帶著做的。」

權威感不是來自口頭上有沒有立場，而是你是否真的活出你的立場。

打造這種感受，你可以練習：

◈　分享真實正在進行中的行動與感受，而不是空泛建議

◈　當面指認自己錯誤經驗並講出修正歷程

◈　在被詢問時，先回應「我的經驗裡……」再引申推論

你所說的每一句話，都會被問一個隱形問題：「你真的在這個狀態裡嗎？」

第九章　別人怎麼看你，決定你的人際能量走向

讓人信任你，不是因為你聲音大，而是你「活得像你說的」

智倫現在仍不是最能言善道的員工，但他已經學會：

- 用一致的語調與行為風格出現
- 明確標示自己的標準與原則（而非模糊語）
- 只談自己真正經歷、實踐、反覆體會過的內容

他說：「我不是為了要有權威而說話，我是讓自己活得更清楚，別人自然會把信任給我。」

這句話點出了非地位型權威的本質 —— 你不需要權力，但你可以有分量。

當你的人格與你的語言一致，你的出現就會自帶一種：「我相信他」的感覺。

從「有地位」到「有分量」，你只需做到三件事

權威來源	對應行為指標	建立方法
訊號一致性	說話語調、肢體、內容協調一致	鏡前演練、語速一致、鏡像式語言習慣養成
預測穩定性	對事物的態度穩定，行為反應不跳 tone	標準表達模板＋價值觀語言化練習
實踐同步性	講的是正在做的，做的是自己說過的	分享歷程、少談理論、多給實例與現在進度

第六節　如何讓人想靠近你，而非想避開你？
吸引力的本質不是討好，而是創造心理安全場

權威不是高高在上，而是一種讓人信任的存在狀態。你不必有名片加持，只要能讓別人感受到：「你說的話，是從你的行為裡走出來的。」

那麼，你的每一次發聲，就都會變成別人願意傾聽的聲音。

第六節　如何讓人想靠近你，而非想避開你？吸引力的本質不是討好，而是創造心理安全場

靠近感，從不是你講什麼，而是別人靠近你時感覺怎樣

林亞倫是一位產品企劃，擅長獨立作業，工作成果一向表現亮眼，但他總覺得自己在團隊中「人緣普通」。他並不多話，樂於協助，但每當團隊聚會時，他經常被忽略在圈外。

有一次他主動參與專案初期的意見發表，提出的想法具有遠見，但討論結束後，幾位成員卻轉頭找另一位資淺但熱情的同事討論後續細節。

他心中納悶：「我不是沒有貢獻內容，也不是冷淡不合作，為什麼大家好像比較不想找我？」

這其實不是人緣的問題，而是心理距離感的設計失誤。

第九章　別人怎麼看你，決定你的人際能量走向

社會心理學中指出，人與人之間的靠近與避開，是建立在一個潛在系統中——心理安全與情緒流動的交錯結果。

簡單說，你給人的「靠近感」不是來自你話講得多動聽，而是你在他人面前是否創造了「我可以不用小心翼翼」的狀態。

吸引力的基礎，是讓人
「在你面前做自己還感覺被尊重」

心理學家卡爾·羅傑斯曾強調：「真正的信任關係來自於一種『無條件正向關注』的氛圍。」當一個人靠近你時，不需要武裝、不怕被評價、不擔心失言，他就會想多待一點。

反之，若一個人靠近你時，感受到的是：

◈ 你會糾正他說錯的話
◈ 你會默默評分他夠不夠格
◈ 你會不自覺冷淡或帶有距離的語氣

那麼即使你專業再強、講話再合理，他也會潛意識遠離你，因為他無法在你身邊「維持自己」。

亞倫無意中給人的印象就是如此——理性、邏輯強、但讓人壓力大。因為他習慣用「回饋」開場，而非「共鳴」開場；他慣於給「改善建議」，而不先給「認可與理解」。

想讓人靠近你，你的每一次表達都應該是一個訊號：「在我這裡，你可以很安心地不完美。」

第六節　如何讓人想靠近你，而非想避開你？
　　　　吸引力的本質不是討好，而是創造心理安全場

被靠近感的形成，靠三種心理場域的設計

讓人想靠近你，並不是讓你變得圓滑或無原則，而是你能否在互動中設計出以下三種心理空間：

1. 允許性場域：對話可以先暫時沒有答案

這代表你願意接住「不確定感」。

當對方說：「我不知道這樣做對不對」，你回：「沒關係，我們一起看看有什麼選項。」

而不是：「你怎麼會還不清楚？」

這種空間會讓人願意繼續談下去，因為他感覺到你不急著貼標籤。

2. 鏡像性場域：你能在他的語氣裡找到共振點

人願意靠近能「映照出自己」的人。這不是迎合，而是你用對方的語言系統溝通。

他說「我很悶」，你不是立刻說：「其實也沒這麼糟啦」

而是先回：「我懂那種悶悶的卡住感，那種感覺很難受吧？」

讓人覺得「你理解我」，是最強的吸引磁場。

3. 脫防禦場域：你不會讓人感覺需要隨時準備自保

這來自你非語言的訊號 ── 你的眼神是否安穩、你的聲音是否急促、你的語氣是否像審問。

放慢、放鬆、不搶拍，是讓人卸下心理鎧甲的最快方式。

第九章　別人怎麼看你，決定你的人際能量走向

別人不是遠離你，
而是遠離他們「在你面前的不安感」

亞倫後來開始做三件事，讓他的人際能量場慢慢轉變：

- **對話時先說一句理解再進建議**：「我知道你這樣想一定有你的理由，我有另一個可能的想法可以一起看看。」
- **會議時設計開場提問而非立即分析**：「你們覺得現在最讓人卡住的點是什麼？」
- 私下主動開一條「**不是工作**」的輕鬆話題線，讓同事知道：他也可以不只是理性輸出。

他說：「我以前想吸引大家靠近，是想表現我有價值；現在我知道，要讓人靠近，其實是要讓對方在我身邊感覺自己有價值。」

這樣的轉變，不讓他變得不專業，反而讓他成為團隊中最能被信任、被傾訴、被邀請對話的人。

靠近感不是技巧，而是你給出的內在氛圍

讓人想靠近你，不等於你要取悅所有人，而是你能設計出一個讓人願意鬆開防備的心理場。

請記住三句話：

第六節　如何讓人想靠近你,而非想避開你?
吸引力的本質不是討好,而是創造心理安全場

- ◈ 沒有人喜歡走進一個會讓自己覺得渺小的空間
- ◈ 你能不能說出:「我懂你」,比你多會講道理還重要
- ◈ 真正讓人靠近的,不是你的答案,而是你容納對方有問題的方式

你想讓人想靠近你,先從一句不糾正的回應、一個安心的眼神、一個願意聽完對方的停頓開始。

你給出的能量場決定了別人是願意走近你,還是下意識地繞過你。

第九章　別人怎麼看你，決定你的人際能量走向

第十章
內在穩定的人，不需要外在控制

第十章　內在穩定的人，不需要外在控制

第一節　自主感的建構比動力更重要：你不是缺了衝勁，而是沒能掌握行動的主導權

動力可以被消耗，自主感才是能持久燃燒的引擎

劉宥嘉是一位三十出頭的設計師，在一家知名品牌公司工作六年，年年升遷、年年得獎，但最近卻陷入了強烈的職業倦怠。她說：「我不是不想做事，也不是沒有能力，就是提不起勁。明明知道做完就會被稱讚、會加薪，但我心裡就是有種『不是我要做的』感覺。」

朋友建議她去聽勵志講座、設定新目標，她都試了，短期有效，但幾天後又恢復原狀。她開始質疑自己是不是「沒動力」、「沒野心」。

直到她看見一段心理學說法：「缺乏動力不一定是懶惰，有可能是你對行動失去主導感。」

這句話給了她全新的視角。

在自我決定理論（Self-Determination Theory, SDT）中，心理學家愛德華・德西（Edward L. Deci）與理察・瑞安（Richard Ryan）指出：人類的內在穩定驅力並不來自外在獎勵或短期衝

第一節　自主感的建構比動力更重要：
你不是缺了衝勁，而是沒能掌握行動的主導權

刺，而是來自三個核心心理需求——自主性（**Autonomy**）、勝任感（**Competence**）與歸屬感（**Relatedness**）。

而其中最根本的，是自主性。也就是說：你是否感覺自己是「選擇」而不是「被要求」去做這些事？

你感覺不到動力，不是你懶，
而是你「不屬於這個決定」

宥嘉的問題，不是對工作沒熱情，而是她已經好一段時間，沒有為自己的每一個決策負責的感覺。

她被期待升遷、被安排主導更多大案子、被稱為「模範員工」，但這些都不是她「自己要的目標」，而是別人對她的期待加總。

她說：「我知道這些是對我好，我也知道我能做得來，但我不知道這是不是我真的要的。」

這正是內在驅動力瓦解的關鍵徵象：你仍在行動，但內心早已撤離。

當一個人持續完成任務、執行目標，但他的每一個行為都是基於「應該」而非「我選擇」，那麼即使表面上充滿效率，內在也會逐漸失去動力來源。

這種情況在心理學中被稱為外在動機，它來自社會壓力、期待或比較，短期有效，但長期會導致情緒枯竭與自我否定。

第十章　內在穩定的人，不需要外在控制

自主感是「我可以不做，但我願意做」

真正的內在穩定來自於選擇感。也就是你在行動時，有能力說「我可以不做這件事」，但你選擇「願意做它」，因為它與你的價值觀或身分認同一致。

心理學家德西的研究指出：當人們感覺到自己的行為來自內在選擇時，將表現出更高的創造力、持久性與情緒穩定感。

這與「強迫自己做到」完全不同。

宥嘉後來在職涯教練協助下進行一個練習：回溯過去半年所有主動做的決定，標注哪些是「因為我想要」，哪些是「因為我應該要」。

她發現，90％的決策來自應該——「應該幫主管扛下案子」、「應該爭取設計獎」、「應該早到加班證明自己積極」……

這些都讓她成為一個「完美角色」，卻不是「真實的自己」。

於是她開始做「小幅自主實驗」：

◆ 她主動提出與自己風格貼近的小案子
◆ 她主動婉拒不必要的夜間簡報
◆ 她開始每週安排一段無產出式創作時間，只為自己畫圖

這些選擇很小，卻讓她感受到：「我重新拿回對自己的行為決定權。」

第一節　自主感的建構比動力更重要：你不是缺了衝勁，而是沒能掌握行動的主導權

穩定的行動者，是把「行為背後的價值」活成自己的樣子

內在穩定不是來自完美執行，而是來自一種感覺：「我有在做我相信的事。」

真正有持久力的人，不是每天都在燃燒激情，而是每天知道自己為什麼要這麼做，並且能說服自己這麼做是值得的。

這是自主感的高階版本：價值驅動型行為（value-based behavior）。

你不再為了「看起來厲害」、為了「不被說話」、為了「不落後」而行動，而是為了「我認為這樣才是我想活成的樣子」。

你可以從以下問題開始自我檢測：

◆ 我現在在做的這件事，是來自我的選擇，還是回應某種外界壓力？
◆ 如果明天沒有別人看見，我還會做這件事嗎？
◆ 這件事的完成，是否讓我更像我想成為的那個人？

當你能穩定回答這三個問題而不感到衝突，你就站在了「穩定的自主驅動線」上。

第十章　內在穩定的人，不需要外在控制

自主感是一種可練習的肌肉，不是人格特質

很多人以為，有自主感的人就是天生比較自信、比較勇敢、比較有主張。其實不然。

自主感並不是性格，而是一種長期選擇與行動之間累積起來的認知感受。

當你越常練習「覺察選擇」、「設計選擇」、「為選擇負責」，你的自主肌肉就會越強。

給你三個日常練習方式：

1.「我選擇」語言轉換練習

把日常中的「我必須……」、「我應該……」改為「我選擇……」，即使只是內心默念，也會逐漸改寫你對行動的掌控感。

例如：

- 「我應該加班」→「我選擇留下來完成它，因為這對我很重要」
- 「我一定要運動」→「我選擇運動，因為我希望照顧好自己」

2. 每週一個「自我對焦」小決定

從微小處練習選擇，例如：本週只閱讀自己真有興趣的文章、只回你覺得值得的訊息。

第一節　自主感的建構比動力更重要：
你不是缺了衝勁，而是沒能掌握行動的主導權

3. 為自己的行動「附注一行動機」

每當你做一件事，寫下一句話解釋「這個決定與我哪個價值有關」。這不僅加強自我對話，也強化你的行動脈絡記憶。

你不是沒動力，你只是太久沒問自己：「這是我真的要的嗎？」

宥嘉現在仍在她原本的職位，職責依然繁重，但她開始每天用一句話提醒自己：「我現在選擇這樣過，是因為這是我想成為的樣子。」

她不再追逐「更有動力」的狀態，而是一步步把「更像自己」的行動感養出來。

真正穩定的人，不是每天都有鬥志，而是他們每一天的行動，都是他願意為自己選擇的結果。

第二節　你做選擇，是怕後悔還是怕不被認可？當選擇變成壓力，你的焦慮不是來自事情本身，而是心理預設的代價評估

你在選的，不是結果，而是心理代價的最小值

黃芷嫻是一位剛滿三十歲的行銷策略師，最近接到兩份邀約——一家國際精品品牌邀請她擔任亞太區數位內容總監，另一個則是由她長期合作的本地創業團隊，希望她加入共同創辦人的行列。

理性評估兩者各有利弊，但她陷入極大糾結，一週內反覆修改簡報、深夜刷社群、詢問無數朋友意見，最後連睡眠也開始受到影響。

她對心理師說：「我覺得怎麼選都會後悔，一邊怕失去穩定發展，另一邊怕錯過創業的夢想。其實我也搞不清楚，我到底在怕什麼？」

心理師回答：「妳不是怕選錯，而是怕『別人怎麼看妳的選擇』。」

這一語驚醒夢中人。芷嫻真正焦慮的，從來不是選項本身，而是她對選擇背後可能帶來的後悔與社會評價的雙重擔心。

第二節　你做選擇，是怕後悔還是怕不被認可？
當選擇變成壓力，你的焦慮不是來自事情本身，而是心理預設的代價評估

選擇焦慮的根源：
非理性成本想像與社會認同綁架

心理學家康納曼的前景理論（Prospect Theory）指出，人們面對選擇時，會高估損失的痛苦、低估獲得的滿足。這使得我們在做決定時，往往更害怕錯過而非期待得到。

而在社會心理層面，這種錯失恐懼（Fear of Missing Out, FOMO）常與「社會認可需求」交織出一種選擇後悔預期模型——

如果我選這個，別人會怎麼看我？

如果我不選另一個，我會不會被說沒眼光？

如果我後悔，會不會證明我當初就是不成熟？

也就是說，你的選擇不是為了「成為誰」，而是為了「避免被怎樣定義」。

芷嫻說，她最怕的其實不是創業失敗，而是朋友說：「妳這麼有前途為什麼要放棄穩定？」她也不是討厭國際品牌，而是怕自己被說：「又走那種看起來光鮮卻沒個性的職涯路線。」

這些念頭不是現實，而是她內在將選擇與認同綁在一起後，產生的心理壓力投影。

第十章　內在穩定的人，不需要外在控制

真正成熟的選擇，是為自己的價值負責，
而非為他人的期待買單

心理學家艾瑞克森在其發展階段理論中提到，成年人的核心任務之一是建立「自我整合感（ego integrity）」，也就是能否為自己的生活樣態與選擇方式建立出「這是我的人生版本」的認同。

芷嫻最終選擇創業，不是因為她確定成功，而是她在反覆自我對話後問自己一句話：「如果沒有人知道我的選擇，我還會不會做這個決定？」

這個問題，擊中了核心──你選的，是你想過的生活，還是你希望別人幫你過的生活？

心理學上的「內部動機選擇指標」包括三個：

◆ 這個選擇是否符合我長期想成為的樣子？
◆ 我是否願意承擔它帶來的學習與風險？
◆ 就算沒人認可，我還是覺得它值得？

當你能誠實回答「是」，那麼你就是為自己選擇，不是為認可或免責選擇。

第二節　你做選擇，是怕後悔還是怕不被認可？
當選擇變成壓力，你的焦慮不是來自事情本身，而是心理預設的代價評估

後悔不是失敗，
而是選擇系統中最真實的回饋機制

許多人在選擇時，最怕的是：「我未來會不會後悔？」但心理學家貝瑞・施瓦茲指出：後悔不該被視為「決定錯誤的懲罰」，而是「認知修正的過程」。

換句話說，後悔是一種資訊校準的正常行為。沒有後悔的人生，不是成熟，而是逃避。

芷嫻在創業後當然也曾歷經幾次困難，一度想：「是不是我不該拒絕那個穩定的職缺？」但她同時也記得自己當初是為了「創造一個自己說了算的專案文化」才選擇創業。這讓她的後悔不是「我選錯了」，而是「我學到了原來要做到這件事還缺什麼」。

這種後悔，是成長型認知模式的一部分，而不是否定當初決策。

你可以練習以下這句後悔重構語：

- 「早知道就……」→「從現在看過去，我明白那時候我在在意什麼」

這樣的語言，會幫你從自責的情緒中跳脫，進入自我理解的系統成長。

第十章　內在穩定的人，不需要外在控制

為自己選擇，
不是勇敢，是自我信任的開始

芷嫻現在對選擇有一套自己的方式。她不再問：「大家怎麼看？」而是先問：「這個選擇能不能讓我對自己誠實？」

她說：「我不是每一次都選對，但我每一次都為那個時刻的我負責。」

這就是內在穩定的根本：不是做了沒後悔的選擇，而是你知道，即使未來有變化，那也是你能處理的事。

給你三個選擇穩定的日常練習：

- ◆ 寫一封給自己未來的信，說明你現在的決定背後的考量與價值觀。
- ◆ 建立「不問別人前三天」原則：做出選擇前三天先自己消化，不急著找外界答案。
- ◆ 練習說出：「就算結果不如預期，這也是我願意學的方向。」

你不需要做每個人都認可的決定，你只需要做能夠讓你更靠近自己核心的選擇。

第三節　決策前的內在對話設計：
不再憑感覺選擇，而是讓每一個選擇都來自一場有邏輯的自我對話

真正有力量的選擇，來自一場說得通的內在對話

鄭凱文是一位在職進修的社會企業經營者，近日他收到一個海外研修的獎學金邀請，條件非常誘人，地點是他夢想中的歐洲學術重鎮，但時間恰巧與公司即將啟動的第三輪募資重疊。團隊期望他留下來主導流程，而他自己則在內心不斷拉扯。

「我不知道我應該追夢，還是履行責任。每個選擇好像都有道理，也都有可能讓我後悔。」

這樣的兩難並不陌生，我們每個人在人生某些關口，常會陷入這種左右都合理，內心卻混亂不堪的狀態。這不是因為我們缺乏判斷力，而是因為我們沒有設計出一場清晰的內在對話。

心理學家喬丹・彼得森（Jordan Peterson）曾說過：「思考，其實就是你與自己對話的品質。」

也就是說，決策的本質，是你怎麼組織與傾聽自己內部不同聲音的過程。

第十章　內在穩定的人，不需要外在控制

決策焦慮，往往不是資訊不夠，而是你在逃避跟自己對話

我們在做選擇時最容易出現兩種失衡：

- **過度外求型**：一直問別人該怎麼辦，把選擇權交給別人
- **情緒內爆型**：陷入「選錯會怎樣」的焦慮漩渦，反覆模擬最壞劇情

這兩種看似不同，其實本質相同 —— 我們在逃避真正的自我對話。

因為自我對話需要三件難事：

- 承認自己其實不確定
- 面對多種價值在內心衝突
- 為選擇後的風險與結果負責

凱文後來發現，他內心其實分裂為三個聲音：

- 一個說：「這是夢想機會，不能錯過」
- 一個說：「你不能讓團隊失望」
- 一個說：「其實你有點累，想離開一下這個角色」

這些聲音不是錯亂，而是自我不同面向的合理呈現。他缺的不是建議，而是一個「能容納這些聲音的決策對話場」。

第三節　決策前的內在對話設計：
不再憑感覺選擇，而是讓每一個選擇都來自一場有邏輯的自我對話

三步驟自我對話法：
從情緒雜音到邏輯對話的過渡工具

心理教練學常使用「內在對話分離法」協助個案釐清內在選擇張力。以下是凱文使用過的「三步驟自我對話系統」：

▋第一步：擬人化你的內在聲音

把內在不同價值擬人化，例如：

◈ 「理想派的我」：代表對冒險與個人成長的渴望
◈ 「責任感的我」：代表對承諾與信任的維護
◈ 「療癒者的我」：代表對疲憊與自我修復的需求

這樣做的好處是，你不再覺得自己混亂，而是承認自己有多重合理存在。

▋第二步：讓這三個角色輪流說話

你可以寫下每個角色對這個決定的觀點、擔憂與訴求。

例如：

◈ **理想派的我**：「這是我等待很久的學習機會，我不想再用工作忙碌當作藉口推遲成長。」
◈ **責任感的我**：「團隊需要我，我離開會讓募資節奏延遲，這會傷害我們共同建立的信任。」

第十章　內在穩定的人，不需要外在控制

- **療癒者的我**：「我其實壓力大到快喘不過氣，這場出走可能是我需要的喘息。」

讓每個聲音說完,才開始進行「整合」。

第三步：用價值問句進行統合決策

問自己三個問題：

- 哪一個聲音最貼近我想成為的長期樣子？
- 我現在能怎麼做，讓至少兩個聲音被尊重？
- 我能不能為這個決定承擔後果，而不後悔曾經聽過所有的自己？

凱文後來沒有選擇二選一，而是主動與團隊談判，設計一段「雙兼模式」——前兩個月完成募資核心任務，之後進入半年混合在地與遠距學習的過渡期。這讓他沒有壓抑哪一個自我，而是尊重並整合每個聲音的出發點。

真正有力量的決策者，是能跟自己好好說話的人

當你訓練自己「內在對話的清晰度」，你就不再靠情緒衝動決定，也不再需要外界給你方向。

這樣的人，會有以下三種特質：

- 他做的選擇不是絕對正確，但他知道自己為何這樣做

第三節　決策前的內在對話設計：
不再憑感覺選擇，而是讓每一個選擇都來自一場有邏輯的自我對話

- 他能承認選擇後的不完美，而不是逃避修正或後悔
- 他讓每個自我聲音參與過決策，內在不再互相指責

凱文說：「我發現，決策最痛苦的不是不知道選哪個，而是選了之後內在還有一半在對自己說：你錯了。」

而一場好的內在對話，會讓你做完選擇後，即使有風浪，也能說：「這是我所有面向同意的決定。」

你的穩定，
來自於每個選擇都經過你自己的點頭

給你一套「決策內在對話起始卡」——在面對選擇時，問自己五個問題：

- 我心裡目前有哪些不同的聲音？請列出來
- 每個聲音在擔心什麼？想守護什麼？
- 若我暫時不做決定，會讓哪個聲音繼續受苦？
- 哪個選擇最貼近我五年後想成為的那個人？
- 如果沒有觀眾、沒有掌聲，我還會做這個選擇嗎？

你不是要做每次都對的決定，而是每次都做一個你能說服自己的選擇。

這，就是穩定的開始。

第四節　接受模糊，但不選擇逃避：
在模糊中站穩，而不是在焦慮中放棄

不清楚不是問題，逃避才是失衡的開始

蔡允中是一位轉職中的中階主管，在原公司擔任十年策略規劃，如今選擇離開高壓工作，想嘗試自己接案與創業的路。他每天閱讀創業書、參加講座，也建立起初步的接案網絡，但內心始終浮現不安感：「我不知道三個月後會不會餓死」、「我是不是應該先回去上班？」、「會不會其實我沒有創業的料？」

他說：「我不是怕失敗，我是怕我根本搞不清楚自己要什麼。」

允中的狀況非常常見——他不是缺行動力，而是陷在對模糊的心理拒斥中。

社會心理學家 Arie W. Kruglanski 稱這種狀態為「認知封閉需求」（need for cognitive closure），也就是人在面對未知時，傾向快速做出明確判斷，哪怕那個決定其實不成熟。

而這種「想要趕快知道答案」的焦慮，往往讓人提前妥協、放棄探索、甚至假裝現狀比較安全。

真正穩定的人，不是很快就有答案的人，而是能夠陪著模糊共處，不逃跑的人。

第四節　接受模糊,但不選擇逃避:
在模糊中站穩,而不是在焦慮中放棄

模糊不是失控,而是尚未定義的可能性

允中說:「我最怕的不是沒機會,而是我一直不知道什麼才是對的選擇。」

但事實上,他的焦慮不是來自選項,而是來自「我無法把這一切馬上說清楚」。

這種心理反應,其實是一種「自我敘事中斷焦慮」——當你無法立刻告訴別人(或自己)你在幹嘛、你要去哪裡,你就會產生不安全感,甚至會把「沒定論」誤認為「失敗」。

心理學家羅伯特·凱根(Robert Kegan)在其「成人心智發展理論」中指出,一個人成熟的象徵不是擁有答案,而是能與模糊共處而不焦躁。

這樣的人不是沒有不確定,而是他不把不確定等同於不可靠。

允中後來學會用一句話與自己共處:「我還在定義,但我沒有放棄走路。」

這句話不只是情緒緩衝,更是讓他重新看見:模糊是創造的空間,不是混亂的代名詞。

建立「模糊區穩定點」:
三種練習讓你在不確定中不逃跑

你不需要立刻有答案,但你可以設計一套在模糊狀態下不逃避的行動系統。

第十章　內在穩定的人，不需要外在控制

以下是允中採用過的三種實踐練習：

■ 練習一：「模糊說法日誌」

每天用一句話說出「我目前最模糊的事是什麼」，並記錄：

◆ 我有沒有因此選擇停下？

◆ 我可以怎麼與它共處而不急著解釋？

例如：「我還不確定要不要全力接案，但我會先完成目前的提案。」

這種日誌練習的目的是讓你習慣承認未知，而不是逃避未知。

■ 練習二：「有限框行動」法

設定模糊階段內「我可以做的 5 件小事」，讓自己在空白區也有「微確定行動」。

例如：

◆ 每週約兩個創業圈的人聊天

◆ 建立一份自己產品力的提案模板

◆ 完成兩個實驗案練習定價與流程

這樣做能讓你即使沒有「整體答案」，也有「局部確定行動感」，降低焦慮。

第四節　接受模糊，但不選擇逃避：
在模糊中站穩，而不是在焦慮中放棄

■ 練習三：「三種版本的人生劇本」

允中設計三個版本的可能發展劇本，不要求預測準確，而是訓練自己同時容納多元可能性：

- A：創業成功，三年內轉型為顧問品牌
- B：接案維持基本收入，五年內結合教學
- C：一年後覺得不適合，重返業界選擇更符合自我風格的企業

這讓他感受到：即使現在不清楚最終選項，但每一個方向都是「可以活出價值」的樣貌，而不是單一標準答案。

有些答案，是你走過之後才長出來的

允中有次說：「我現在不再急著說出『我未來要幹嘛』，我更重視的是我現在是不是活得像我希望的方式。」

這就是心理成熟感建立的關鍵轉換點：從尋找正確答案，轉為練習與模糊同在，並穩定向前。

這樣的穩定不是消滅疑惑，而是學會與它對話：

- 我不知道＝我正在定義
- 我沒想好＝我還在醞釀
- 我還不確定＝我正選擇在這個階段觀察更多

這不是話術，而是一種抗逃避式的語言設計。讓你的大腦學會「還沒想清楚」不是危險，而是一種開放狀態。

第十章　內在穩定的人，不需要外在控制

不穩定的是逃避，穩定的是面對

在模糊中，你的穩定不是來自立即解答，而是你給了自己一個可以思考、觀察、練習的空間。而這個空間，會慢慢長出清晰。

請記得以下四句「模糊中的穩定語言」：

◆ 我還沒定案，但我正在準備讓答案浮現

◆ 我沒有答案，但我有方向與行動

◆ 我的混亂不是放棄，而是過程

◆ 我選擇不急著對外說明，是因為我想先對自己誠實

允中現在仍在他未完成定義的創業路上，但他說：「我已經不怕有人問我『你現在到底是什麼身分？』因為我知道 —— 我正在活出答案的路上。」

反逃避計畫表

週次	我這週最常出現的逃避行為是？	重複出現的情緒線索背後是？	我是否嘗試內用標準出行動？	哪一件事對得比預期更好？	我學到關於自己面對能力是？	下個月我想持續練習的是？
Week 1						
Week 2						
Week 3						
Week 4						

第五節　穩定內在標準，不讓環境綁架你：你怎麼定義自己，決定了世界怎麼左右你

當你沒標準，
世界就幫你設一套你不一定喜歡的規則

吳哲廷是一位科技業的中階主管，近期被外派到海外分公司，起初他信心滿滿地投入，然而不到三個月，他陷入前所未有的自我懷疑。每天回到家都懷疑：「我是不是不夠格？為什麼同事都不重視我的提議？為什麼我做的努力沒人看見？」

他的焦慮不是來自任務量，而是來自他每天都在用「別人給的標準」衡量自己值不值得安心。

當主管一句簡短回覆「你再想想」，他會解讀為「我不被信任」；當會議中同事沒有即刻回應，他會認為「我不被接受」。

這不是他太敏感，而是他的內在標準太薄弱，無法支撐他抵擋外界訊號的強力侵入。

當一個人缺乏明確的內在標準時，他會習慣把外界的反應當作自己的定位依據，也就更容易焦慮、動搖、與環境過度同頻，甚至在看似順利的表現下感到疲憊而空虛。

第十章　內在穩定的人，不需要外在控制

內在標準是什麼？
它是你面對世界時的心理中線

心理學家亞伯特・班度拉（Albert Bandura）在「自我效能理論」中強調，個體的穩定行為表現建立在三個基礎上：

- ◆ 自我效能感（self-efficacy beliefs）：相信自己能否做到。
- ◆ 結果期待（outcome expectancy）：相信做了之後會不會有好的結果。
- ◆ 自我評價（self-evaluation）：自己內心對行為結果的評價標準與價值判斷。

而第三點正是本節關鍵：當你的內在標準清晰，你就有一條「自己知道自己在幹嘛」的心理中線。

這條線能幫你：

- ◆ 濾掉外界多餘評價
- ◆ 分辨哪些是意見、哪些是價值衝突
- ◆ 讓你即使被誤解也不立刻自我否定

哲廷當時最大的不穩定來自於：他習慣了在臺灣被稱讚「效率高」、「回應快」、「懂上意」，但在新環境裡，這些優勢沒被直接認可，於是他便懷疑自己的整體價值。

這正是「依賴外部標準成癮」的典型現象：你過度綁定一種文化給你的回饋模式，當場景換了，你的自信也跟著瓦解。

第五節　穩定內在標準，不讓環境綁架你：
你怎麼定義自己，決定了世界怎麼左右你

建立內在標準不是關起來做自己，
而是建立自己的心理衡量儀

很多人誤會：「我有內在標準＝我不聽外界建議」，其實不然。

有內在標準的人，不是拒絕他人觀點，而是能夠清楚界定：什麼是我該吸收的？什麼只是背景雜訊？

建立內在標準的三大核心問題：

- 你有沒有定義你對「成功」的判斷標準？
- 還是完全跟著社群、主管、家人的版本走？
- 你能不能區分「被批評的是我的方法」還是「被否定的是我的人」？
- 內在標準可以幫你不把別人的話全吞下去，也不過度反擊。
- 你能不能在一段時間內不靠他人稱讚，也維持自己的節奏？
- 這才是真正「自驅式穩定」的開始。

哲廷開始為自己設計一個「行動後回饋標準卡」：每完成一個任務，不問他人反應，而是問自己三個問題：

- 這件事有沒有符合我在這個階段想練習的價值？
- 我有沒有用我相信的方式完成它？
- 我是否願意為這樣的選擇承擔後果？

第十章　內在穩定的人，不需要外在控制

這樣的反覆練習，逐步幫他建立起「我知道我在幹嘛，即使沒人看見」的心態。

情緒不穩來自內在沒主場，穩定是建立自己的座標系統

當你總是跟著環境的反應起伏，那你就沒有自我座標系統。你會：

- 別人一句話你就否定一整天
- 社群一張圖就懷疑自己過得不好
- 主管一個眼神你就質疑自己不夠格

而有內在座標系統的人則會：

- 分辨這是他人的觀點，不是自己的全貌
- 保有情緒覺察但不立刻行動反應
- 即使有被批評，也能透過自我標準重新定位意義

哲廷在建立自我標準六週後，說出一句話：「我現在不是沒情緒，但我知道我的基準點在哪裡，我不再每天像被牽著鼻子走。」

這是一種成熟的穩定感──不是你無懼外界，而是你終於有一套能幫你抵抗外界波動的心理儀表板。

第五節　穩定內在標準，不讓環境綁架你：
你怎麼定義自己，決定了世界怎麼左右你

內在標準的設計不是口號，
而是你每天都在做的選擇範本

給你三個建立個人標準系統的練習：

1. 定義你的「三個人生評價維度」

例如：「成長」、「真誠」、「貢獻」，每天行動後問：這件事符合哪一個維度？

2. 建立一張「被否定時的對話清單」

他在批評什麼？是我的方法還是我整個人？

他說的根據是什麼？我能部分修正嗎？

我願不願意為我現有選擇承擔？若願意，這句話就不是命令，只是雜訊

3. 每週一次「自我對焦日記」

寫下：這週我有沒有為了別人的眼光改變了自己的節奏？那是不是我想要的選擇？下次要怎麼做得更像自己？

這三種練習的目的不是讓你變固執，而是讓你不再依賴掌聲過日子。你開始為自己的定義負責，那就沒有人有權定義你。

第十章　內在穩定的人，不需要外在控制

人生評價維度工具卡

核心價值觀	重要性排序（1～5）	我的行動怎麼體現這個價值？	這個價值是否反映我現在的生活樣子？
自由			
誠實			
成長			
連結			
創造力			
影響力			
平靜			
冒險			
成就			
安全			
穩定			
責任			
同理			
貢獻			
挑戰			
學習			
獨立			
愛			
美感			
真誠			

第六節　活成自己選擇的樣子，而非外界規格的結果：你的人生不是履歷表的格式，而是一段由你定義的敘事

你的人生，
不需要像誰，而需要像你自己

江俞辰是一位三十八歲的創業者，年輕時是典型的「人生勝利組」——留學歸國、創業成功、三十歲前買房、上過媒體採訪，被外界認為「人生樣本」。

但就在第二次創業失敗、媒體不再採訪他之後，他突然陷入一段情緒低潮。他說：「我不是不努力，而是發現我好像不再知道『我還是誰』。當我不再符合某個成功的樣子，我就不知道該怎麼活。」

這段話揭示了許多人的內在困境：當你的人生是照著外界的標準走，一旦偏離，你就會迷失。

心理學家卡爾・羅傑斯認為：「真正的自我實現，不是達到某種模範，而是活出與自己價值一致的生命方式。」

也就是說，你不是要成為某種樣子，而是要能夠在各種情境中，都持續活得像你自己定義的版本。

第十章　內在穩定的人，不需要外在控制

當你活在外界格式裡，
你再成功也會空虛

俞辰回顧自己前半段的人生，發現很多選擇看似自願，實則源於環境輸出的價值格式：

- ◈ 「成功＝年薪七位數」
- ◈ 「影響力＝上媒體」
- ◈ 「穩定＝持有不動產」
- ◈ 「成就＝做出產品能上架」

這些標準本身沒錯，但一旦你把它們當作人生的唯一測量尺，你就會不自覺地把「能不能符合格式」視為人生定位。

當外在標準被剝奪，你便瞬間覺得自己失格。

心理學中稱這為「外部定義迷思」——一個人錯將他人的成功劇本當成自己的目標，結果贏得形式，失去自我。

俞辰說：「我不是怕失敗，而是怕我不是『應該要成功的人』。」

這種恐懼，不是實際損失，而是失去「像樣子」的身分感。

第六節　活成自己選擇的樣子，而非外界規格的結果：你的人生不是履歷表的格式，而是一段由你定義的敘事

你該問的不是「我現在像誰」，而是「我還像自己嗎？」

活出自己選擇的樣子，並不意味著從此不管社會、不重視回饋，而是你先知道自己在乎什麼，然後選擇哪些外界訊號要吸收。

你可以練習從這三個問題出發，重建「自我樣貌」的輪廓：

1. 我的價值排序是什麼？

　　例如：「誠實＞效率＞表現」或「自由＞安全＞連結」。

2. 我定義的成就，是什麼模樣？

　　是完成目標？還是活出節奏？

　　是創造影響？還是保持一致性？

　　是為家人提供安全？還是成為對自己誠實的人？

3. 我做的這件事，是因為我要這樣活，還是因為我不想被說成怎樣？

俞辰後來不再追求規模化，也不急著回歸高曝光市場，而是設計一種新的生活方式：「小型諮詢、線上內容、寫作教學、與時間自由的配置。」

他說：「我現在不再覺得自己『不再是以前那個誰』，我開始感覺自己是『現在這個我願意活著的版本』。」

第十章　內在穩定的人,不需要外在控制

不是你要逃離世界,而是你要先有一個屬於自己的故事版本

當你活得像外界版本,你每天都在比對、在證明、在擔心掉隊;

當你活得像自己選擇的樣子,你會有節奏、有對話、有解釋力 —— 即使過得不快,也會活得不慌。

心理學家麥克亞當(Dan P. McAdams)在自我敘事理論中提到,人們需要建立屬於自己的「主體性生命故事」,這個故事不是為了博取認可,而是讓我們知道:

我正在活的這條路,是我有參與過、設計過、願意承擔的版本。

你不再只是生命經歷的經手人,而是成為生命方向的共創者。

讓選擇變成樣子,而不是樣子決定選擇

給你三個日常設計練習,幫助你活得像自己定義的樣子:

1. 每日一句「我選擇這樣活,是因為⋯⋯」

訓練自己不只是做,而是說得出為什麼要這樣做。

例如:「我今天拒絕一場不必要的會議,是因為我在練習對自己節奏負責。」

第六節　活成自己選擇的樣子，而非外界規格的結果：
你的人生不是履歷表的格式，而是一段由你定義的敘事

2. 寫一份「我的版本不需證明」清單

列出五件事，是你選擇這樣活，不需要別人懂也沒關係的選擇。

例如：「我每週有一天不排任何人際行程，不為了社交而社交。」

3. 定期問自己：「我還認得現在的自己嗎？」

寫下：「我最近一次覺得自己是自由的時候是什麼時候？為什麼那時候我比較像我？」

你不需要再努力符合別人的樣子，你只需要練習，活出你能認得的自己。

俞辰說：「當我開始活得像我選擇的版本，我就不再害怕不被喜歡，也不再急著再成為誰。我只需要對現在這個我，說聲：原來這才是我想活的樣子。」

國家圖書館出版品預行編目資料

心理效能，看見情緒的語言：破解自己與他人的行為公式，讓情緒、溝通、選擇都更有效 / 陳佑晨 著 . -- 第一版 . -- 臺北市：財經錢線文化事業有限公司 , 2025.06
面； 公分
POD 版
ISBN 978-626-408-297-6(平裝)
1.CST: 自我肯定 2.CST: 自我實現 3.CST: 情緒管理
177.2　　　　　114007858

心理效能，看見情緒的語言：破解自己與他人的行為公式，讓情緒、溝通、選擇都更有效

作　　者：陳佑晨
發 行 人：黃振庭
出 版 者：財經錢線文化事業有限公司
發 行 者：崧燁文化事業有限公司
E - m a i l：sonbookservice@gmail.com
粉 絲 頁：https://www.facebook.com/sonbookss
網　　址：https://sonbook.net/
地　　址：台北市中正區重慶南路一段 61 號 8 樓
8F., No.61, Sec. 1, Chongqing S. Rd., Zhongzheng Dist., Taipei City 100, Taiwan
電　　話：(02) 2370-3310　　傳　　真：(02) 2388-1990
印　　刷：京峯數位服務有限公司
律師顧問：廣華律師事務所 張珮琦律師

-版權聲明-
本書作者使用 AI 協作，若有其他相關權利及授權需求請與本公司聯繫。
未經書面許可，不可複製、發行。

定　　價：395 元
發行日期：2025 年 06 月第一版
◎本書以 POD 印製